Originalausgabe

Gestaltung und Herstellung:
Wolff Kommunikation, Frankfurt am Main
Druck und Bindung: fgb Freiburger Graphische Betriebe, Freiburg
Printed in Germany
ISBN 10: 3-86597-039-7
ISBN 13: 978-3-86597-039-8

www.heinrichundhahn.de

Susanne Wiborg
Gärtnerleben

Die besten Kolumnen
aus der ZEIT

Mit Illustrationen
von Julia Guther

Dieses Buch enthält eine Ernte aus Kolumnen, die von 2002 bis 2006 in der »Zeit« und in »kraut & rüben«, Zeitschrift für biologisches Gärtnern und naturgemäßes Leben, erschienen sind. Für die »Zeit« wurden sie von Julia Guther illustriert.

Susanne Wiborg

INHALT

Gärtnerleben

Ist es nicht verblüffend, wie sehr Gärtnern das Leben verändert? Nein, ich spreche hier nicht von frischer Luft plus höherer Weisheit plus gesundem Gemüse, sondern davon, wie ein Hobby immer mehr Ausläufer in den Alltag treibt. Unauffällig erst, sozusagen unterirdisch: Ein Grasfleck hier, ein Gartenbuch da ... und dann ist es passiert: Nichts ist mehr, wie es vorher war.

Angefangen mit der äußeren Erscheinung: Ich habe ganz sicher nie zu den bestgekleideten Frauen der Welt gezählt. Aber seit ich den Garten am Haus habe, kann ich Modebewußte wirklich so richtig das Gruseln lehren. Natürlich muß ich dauernd, jeder Einsichtige wird mich verstehen, »nur mal kurz« rausgehen. Meist komme ich zumindest leicht angeschmutzt zurück, meist etwas heftiger, und Kittelschürze, Latzhose & Co sind nun mal nicht mein bevorzugtes modisches Accessoire. Nachdem ich einiges an Outfit entweder im rabiaten Griff der Heckenrosen ruiniert oder dauerhaft verfärbt habe, seh ich's pragmatisch: In der ältesten Lieblingsjeans ist man immer gartenfertig, also zieht man sie am besten gleich an und trägt sie, bis sie zerfällt. Dazu tut's die Uralt-Wachsjacke, und für sommerliche Oberbekleidung gelten hier Kriterien, die in keinem Lifestylemagazin Gnade finden würden: Nicht zu neu (der Hund und der Kompost!), nicht zu locker (die Heckenrosen!!) und farblich möglichst mit den Lilienpollen harmonierend, die alles gleichermaßen mit einem aparten rotbraunen Muster überziehen: À propos Muster: Bin ich eigentlich die einzige, die keinen Kübel zur Seite stellen und keinen Grashalm jäten kann, ohne zumindest ein paar grüne Streifen davonzutragen?

So schnell wie der Garten wuchs, veränderte sich auch das traute Heim: Schöner Wohnen ist schon für Hundebesitzer ein diffiziles Projekt. Für Gärtner, die zusätzlich noch Eigentum derart anspruchsvoller Vierbeiner wie meiner Terrierhündin »Kümmel« sind, ist es schlicht illusorisch. Inzwischen steht ein Körbchen mit Gartengeräten hinter der Terrassentür, und das einzige durchgehende Design sind zierliche erdfarbene Pfotenabdrücke, großzügig über Fußboden und Polstermöbel verteilt. Zumindest stinkt es nicht nach nassem Hund: Jack Russels riechen kaum, machen dieses Plus aber durch um so ausgiebigeres Haaren allemal wett.

So lange die Erosion der Alltagskultur auf das eigene Revier beschränkt bleibt, ist das natürlich kein Problem, aber: Neuerdings scheine ich überall Bindebast-Strippen zu verlieren, und neulich an der Supermarktkasse hatte ich plötzlich Rosenschere statt Portemonnaie in der Tasche. Da muß ich wohl in Gedanken noch bei den Blumenzwiebeln gewesen sein! Wie das Portemonnaie allerdings in das Körbchen mit den Gartengeräten gekommen ist, kann ich mir nun überhaupt nicht erklären. Oder dieser Einkauf, bei dem ich auf das Angebot, das Rettichkraut zu entfernen, spontan sagte: »Nein, lassen Sie's bloß dran! Meine armen Würmer kriegen im Moment sowieso so wenig Frisches!« Um dann, während die Umstehenden hastig von mir abrückten, ebenso hastig hinzuzusetzen: »Ich meine natürlich die Kompostwürmer …«

Überhaupt: das Einkaufen! Sobald die Hemmschwellen spürbar dahinwelken, sollte man vorsichtshalber

Gartencenter niemals allein, sondern besser nur in Begleitung mindestens zweier total ignoranter Botanik-Muffel betreten, die zuverlässig spaßverderbend herumnölen (»SO viel Geld für dieses winzige Grünzeug?!«). Falls selbst das nicht mehr hilft, sollten sie strikte Order haben, entfesselte Gartenfans spätestens dann unnachsichtig aus dem Lokal zu entfernen, wenn sie über die zusammengerafften grünen Schätze schon nicht mehr hinwegschauen können, aber immer noch dieses manische Glimmen im Auge haben. Dann eilt es wirklich, und der Dispo-Kredit wird es danken! Verzögerungstaktik samt noch so wohlbegründeter Proteste (»Nur diese eine Rose noch! Die such' ich doch schon jahrelang!«) muß strikt ignoriert werden, milde körperliche Einwirkung kann unumgänglich sein. Ohnehin ist es sehr praktisch, wenn besagte Botanikmuffel etwas kräftiger sind. Dann kommen sie nämlich viel besser mit all den schweren Düngersäcken klar!

Solche Stätten der Versuchung in gleichgesinnter Begleitung zu betreten, empfiehlt sich höchstens dann, wenn man fest entschlossen ist, anschließend längere Zeit mit deutlich vermindertem Lebensstandard auszukommen. Allerdings: Wen stört's? Erstens trägt man im Garten eh alte Klamotten und kann notfalls wochenlang von Zucchini leben, zweitens ist der Blick aus dem Fenster dafür um so schöner, und drittens braucht man keinen Urlaub mehr! Doch es ist nicht zu leugnen: Das Restrisiko bleibt hoch. Was ich mir mit Freundin Sabine, die neben anderen unschätzbaren Vorzügen einen Kleinbus besitzt, da schon buchstäblich geleistet habe, sollte ich hier besser nicht in aller Öffentlichkeit ausbreiten …

Auch beim Studium von Rosen-, Blumenzwiebel- und sonstigen Katalogen, die unsereins grundsätzlich *vor* jedem anderen Druckwerk konsumiert, ist Vorsicht geboten: Besser allein, und besser bei derart miesem Wetter, daß es die Bestellfreude deutlich dämpft. Es sei denn natürlich, man fühlt sich getrieben, die gesamte Adventszeit mit dem Einzeln-Einbuddeln der zweitausend zusätzlichen Elfenkrokusse zu verbringen!

Die ultimative Herausforderung ist für mich inzwischen der Wochenmarkt. Erstens weiß ich vorher nie, was die Gärtner diesmal wieder Unwiderstehliches mitbringen, und zweitens habe ich keine Ahnung, ob und wie ich es heil nach Hause kriege. Kein Auto, den Einkauf in Korb und Tüten, dazu Pflanzen, die unverhofft mitwollen – das macht den Abtransport unhandlicher Beute zum logistischen Problem. Etwa diese beiden Dornigen Hauhechel: Die kratzten zwar fies, ich konnte aber immerhin mühelos durch ihre Zweige spähen und sie so fast unter dem Kinn transportieren. Wäre ja auch gelacht – mein Rekord liegt momentan bei fünf großen Rittersporen in beginnender Blüte (Sonderangebot in ganz ausgefallenen Farben! So was kann man doch unmöglich stehenlassen!), die sich als echte Problemfälle erwiesen: Die Rispen verhakten sich ständig. Meine Jonglierversuche mit den Ein-Meter-Stauden trugen daher stark zur Erheiterung der anderen Marktbesucher bei. Als derart kommunikationsfördernd haben sich normale Einkäufe noch nie erwiesen!

Es ist eben nichts mehr, wie es früher war, aber: Ist es nicht einfach großartig? Also: Auf ein Neues im neuen Gartenjahr! Gott sei Dank dauert es ja nicht mehr allzulange: Auf dem Wochenmarkt müßten bald die ersten Schneeglöckchen auftauchen. Die lassen sich auch richtig gut transportieren!

»Wenn Du die Augen schließt, hörst Du sie läuten…«: Schneeglöckchen

»Wenn Sie so aussehen würden, lieber Leser«, meinte der britische Autor Beverley Nichols kategorisch, »würden Sie auch im Wert steigen!« Die kostspielige Schönheit, der Nichols derart verfallen war, heißt *Galanthus Elwesii* und ist eine besonders attraktive Schneeglöckchenart. Die Gefahr, am Erwerb einer Überdosis Blumenzwiebeln bankrott zu gehen, nahm er da gern in Kauf: »Ich will, daß mein Garten nie aufhört zu blühen.« So muß es vielen Menschen und ganz besonders vielen Gärtnern gehen, denn andernfalls hätten Schneeglöckchen wohl kaum eine derartige Karriere gemacht. Jeder Botanikmuffel kennt sie, ein Garten ohne ihre zierliche, adrette Gestalt wäre traurig und unvollständig, und ihr Auftritt wird enthusiastischer begrüßt als der auch der schönsten Rosen.

Dabei sind Schneeglöckchen, botanisch gesehen, kaum sensationell: Es sind Amaryllisgewächse der Gattung Galanthus, daheim in Südeuropa und Westasien. Mitteleuropäische Populationen sind aus Gärten verwildert. Sie alle gedeihen in Wäldern, am liebsten in Hochlagen, können aber auch an Felsstandorten gut überleben. Jede Zwiebel treibt einen schlanken Sproß, der neben linealischen Blättern einen zwischen 10 und 20 Zentimetern hohen Stengel mit einer einzigen, hängenden, süß duftenden Blüte trägt. Dieses namensgebende weiße Glöckchen besteht aus drei kleineren, unterschiedlich grün gezeichneten inneren Blütenblättern, die von drei größeren, abgespreizten äußeren Blütenblättern umhüllt sind. Das unterscheidet sie von ihren Verwandten, den Märzenbechern, deren Blütenblätter alle gleich lang sind.

Ein hübsches, doch keinesfalls spektakuläres Pflänzchen also, hätte es nicht den Zeitpunkt seines Erscheinens so exzentrisch gewählt: später Winter oder früher Frühling, in sehr milden Wintern oft schon Januar. Mit diesem geschickten Timing avancierte die nette kleine Individualistin zum Star, und das zeitlos durch die Jahrhunderte. Als Inbegriff des Frühlingsboten blühte sie sich tief in die Herzen der Menschen und wurde zu allen Zeiten geliebt, bewundert, besungen und bedichtet. Diese scheinbar so schutzbedürftige und dennoch strahlende Winzigkeit, die inmitten einer sehr ungastlichen Umgebung in der hellsten aller Farben leuchtet, wirkt zutiefst anrührend. Keine andere Pflanze symbolisiert derart perfekt die Wiederkehr des Lichtes, die Hoffnung auf Erlösung von langer Dunkelheit, doch auch die Zerbrechlichkeit erster zarter Hoffnungen. Sie wagt sich hervor, wenn sonst noch kaum etwas blüht, aber harter Frost streckt sie zu Boden. So ist es kein Zufall, daß die grazile, unschuldsweiße Blume ein Liebling der Romantik war, die nicht nur von großer Innerlichkeit und Naturliebe, sondern auch von politischer Stagnation und Zensur gekennzeichnet war. Joseph von Eichendorffs »Schneeglöckchen« etwa, ein vielzitierter Klassiker des Genres, spiegeln Hoffnung und Vergeblichkeit gleichermaßen:

»'s war doch wie ein leises Singen
In dem Garten heute nacht,
Wie wenn laue Lüfte gingen:

›Süße Glöcklein, nun erwacht,
Denn die warme Zeit wir bringen,
Eh noch jemand hat gedacht.‹ –
s'war kein Singen, s'war ein Küssen,
Rührt die stillen Glöcklein sacht,
Daß sie alle tönen müssen
Von der künftgen bunten Pracht.
Ach, sie könnens nicht erwarten,
Aber weiß vom letzten Schnee
War noch immer Feld und Garten,
Und sie sanken um vor Weh.
So schon manche Dichter streckten
Sangesmüde sich hinab,
Und der Frühling, den sie weckten,
Rauschet über ihrem Grab.«

Weniger romantisch gesehen jedoch sind Schneeglöckchen, so zerbrechlich sie anmuten, ziemlich robust. Wie sonst auch sollten sie ihren spektakulären Frühstart überleben? Ihr fester, speerartiger Sproß kann sich zügig durch eine verharschte Schneedecke bohren, und eine Wachsschicht schützt die ganze Pflanze vor allzuviel Nässe. Außer Narzissenfliege und Grauschimmel kennt sie kaum Schädlinge und Krankheiten, und in der Gunst der ersten Insekten ist sie nahezu konkurrenzlos. Die grüne Zeichnung der Blüte, das Saftmal, weist ihnen schnell den Weg zu Nektar und Pollen, sehr zum Wohl ihres Wirtes natürlich, der ja bei allzu schlechtem Wetter schließen muß. Darüber hinaus hat die Gattung Galanthus ihre Vermehrung sozusagen doppelt gesichert: Ihre Samen tragen ein nährstoffreiches Anhängsel und werden deshalb von

Ameisen weit verbreitet. So freigebig das Schneeglöckchen nützliche Insekten anlockt, Freßfeinde hält es sich rigoros vom Stengel: Es ist giftig. Die in allen Pflanzenteilen enthaltenen Alkaloide können sogar bei Menschen, die sie verzehren, zu Problemen führen.

Es gibt an die zwanzig verschiedene Galanthus-Arten. Die bekannteste ist *Galanthus nivalis*, unser sprichwörtliches Schneeglöckchen, dessen innere Blätter an den Spitzen ein umgekehrtes grünes V tragen, und von dem inzwischen eine ganze Reihe Varianten gezüchtet worden sind. Das großblumige »Viridi-apice« etwa trägt an den äußeren Segmenten grüne Spitzen, »Lutescens« ist gelblich getönt, und die gefüllte Form »Flore Pleno« scheidet die Gärtner-Geister: Während die einen die bauschigen kleinen Reifröcke bezaubernd finden, wenden sich die Puristen der schmalen, noblen Glocke mit Grausen. *Galanthus Elwesii*, eine stark duftende größere Form, ist auf dem Balkan und in der Türkei zuhause und liebt daher mehr Wärme und Licht. Auch seine kleinere Variation, *G. gracilis* und das breitblättrige *Ganthus ikariae* sind als Gartenpflanzen beliebt. Sie alle bastardieren gern, wenn sie sich in Gärten treffen. Eine der bekanntesten gezüchteten Hybriden ist »Sam Arnott«, groß und mit einem grünen Bogen an der Spitze der inneren Blütenblätter.

Schneeglöckchen lieben durchlässig-feuchten humosen Boden, gern mit reichlich Kompost, und verabscheuen Ruhestörungen jeder Art. Ihr Laub muß nach der Blüte unbedingt vollkommen einziehen können, und auch Umgraben oder ähnlich ruppige Erdarbeiten nimmt die Kleine sehr übel. Weil sie keine ausgetrocknete Zwiebel verträgt, setzt ihr sommerliche Dürre hart zu, und Schneeglöckchen im Herbst zu stecken, kann deshalb leider ziemlich heikel sein. Selbst frische Zwiebeln gehen, wenn überhaupt, oft nur sehr zögerlich an und scheinen sich erst nach langer Zeit wirklich wohlzufühlen. Ich habe über einige Jahre allerherbstlich ein kleines Vermögen in Schneeglöckchenzwiebeln investiert, mit frustrierend mäßigem Erfolg. Je mehr ich um Galanthus zu werben schien, desto weniger mochte sie sich häuslich niederlassen. Nur einzelne Blüten wagten sich hervor und wirkten in ihrer Einsamkeit so unbehaglich, als würden sie am liebsten unverzüglich das Weite suchen. Natürlich kannte ich den Tip, Schneeglöckchen besser nach der Blüte zu verpflanzen, doch leider fand ich nirgendwo irgend jemanden, den es drängte, seine ausgedehnten Bestände mit mir zu teilen. Wer sie hatte, der hütete sie.

Rettung kam schließlich vom Wochenmarkt: Seit einiger Zeit verkauft dort früh im Jahr eine Gärtnerei Horste blühender Schneeglöckchen in einem Ballen Lehmerde. Nun endlich leben Galanthus und ich in glücklicher Gemeinschaft, denn in diesem Stadium erwies sie sich, entgegen ihrer sonstigen Irritierbarkeit, als ausgesprochen hart im Nehmen: Ob ich sie sofort knospig einpflanzte oder erst nach der Blüte, ob ich sie zunächst im Zimmer hielt oder draußen, ob ich sie teilte oder nicht, ob es fror oder goß – die Schneeglöckchen richteten sich unverzüglich nach dem Licht aus und waren es fortan zufrieden. Ich natürlich erst recht. Sie kommen nun zuverlässig wieder, wenn auch etwas kürzer und untersetzter. Ihre üppigen Gruppen wirken überhaupt nicht mehr schüchtern und fragil, sondern eher kräftig, selbstbewußt und mit der rauhen Welt ringsum zufrieden. Wenn sie in kleinen weißen Wellen dem Wind nachgeben, einander zugeneigt wie ins Gespräch vertieft, fällt mir, das ist wohl bei dieser Pflanze unvermeidlich, auch immer ein Stück Schneeglöckchen-Poesie ein: einige der letzten Strophen von Erich Kästners Gedicht »Der März«:

»Winter macht Inventur.
Will sich verändern.
Schrieb auf ein Angebot
aus anderen Ländern.

Mustert im Fortgehn noch
Weiden und Erlen.
Kätzchen blühn silbergrau
Schimmern wie Perlen.
...
Schneeglöckchen ahnen nun,
was sie bedeuten.
Wenn Du die Augen schließt,
hörst Du sie läuten.«

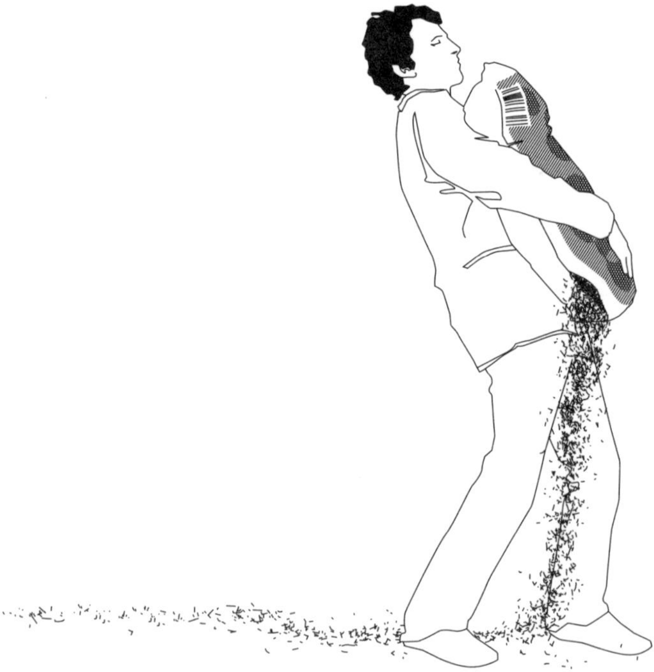

Frühlingsgefühle zum Mitnehmen

Gibt es eigentlich irgendwo ein Gesetz, das vorschreibt, daß am Tag des Frühlingsanfangs möglichst miserables Wetter herrschen muß? Es macht fast den Eindruck, aber dieses Jahr hat uns Gärtner nicht mal Orkantief »Oralie« ernsthaft erschüttern können. Wir haben nämlich unseren persönlichen Frühlingsanfang einfach vorverlegt, auf die allerersten schönen Tage. Da zieht es uns nach draußen, bloß: Es war leider noch nicht genug zu tun nach all dem Winterfrust. Still ruhten die Beete, zum Kompost-Umsetzen war es noch zu kalt. Immerhin muß ja bald gedüngt werden, und so streben Legionen von Gartenfans beim ersten Sonnenstrahl zuverlässig ins nächste Gartencenter. Ganz unter uns: Düngerkaufen dient natürlich bloß als Vorwand. In Wirklichkeit geht es um den ersten Kaufrausch der Saison: um Stiefmütterchen & Co. Es geht um Frühlingsgefühle zum Mitnehmen, und dann zum Teufel mit Sturmtief, Schnee und Graupel!

Der Spaß daran, voller Vorfreude Dünger- und Erdsäcke zu erstehen, ist ohnehin nicht ganz ungetrübt. Es scheint da nämlich irgendwo noch ein anderes gärtnerfeindliches Gesetz zu geben: Die Plastiksäcke mit dem schweren und unhandlichen Inhalt müssen jedes Jahr dünner und hinfälliger werden. Notfalls tut es auch ein mangelhafter Verschluß. So kommen Freunde spontanen Slapsticks in dieser Ecke des Gartencenters oft auf ihre Kosten. Einen 80-Liter-Erdsack alleine auf einen beweglichen Einkaufswagen zu wuchten, ist, zumindest für mich, schon eine Herausforderung an sich. Die Dinger scheinen grundsätzlich immer da gestapelt zu sein, wo das Gelände leicht abfällt und der Wagen im entscheidenden Moment einen erstaunlich behenden Fluchtversuch unternehmen kann. Diesmal kam es noch heftiger: Ich hatte kaum ernsthaft zugefaßt, als meinen Hände auch schon tief in Qualitäts-Blumenerde versanken. Zu spät bemerkte ich, daß dieser Sack schon an den Ecken geplatzt und notdürftig mit Paketband geklebt gewesen war. Dem nächsten Kunden erging es da noch übler: Als er, betont schwungvoll und mit einem grinsenden Seitenblick auf meinen erbitterten Kampf mit der Tücke des Objekts, einen der Säcke hoch in die Luft hob, knickte der in der Mitte zusammen, riß ein und entleerte etliche Liter Erde über ein makelloses Outfit. »Die gehen auch immer schneller kaputt«, stöhnte der herbeieilende Verkäufer. Recht hatte er: Ich bekam zwar schließlich alles scheinbar unversehrt ins Auto, hatte aber daheim reichlich pelletierten Rindermist lose im Kofferraum.

Immerhin hebt Schadenfreude die Stimmung, und in der Halle wartete dann das so lange ersehnte Frühlings-Highlight, ein Meer von Farben und Duft, fast berauschend nach dem endlosen Grau: Stiefmütterchen, Hornveilchen, Tausendschönchen und Primeln palettenweise, Rettung und unwiderstehlicher Köder für Botanik-Abhängige nach sechsmonatigem Grün-Entzug. Doch so schön dieser erste Blick auch ist, Stiefmütterchen kann ich trotzdem nicht ausstehen. Sie tun mir immer so leid, einmal, weil sie gnadenlos meilenweit von der rustikalen Schönheit ihrer bunten Bauerngarten-Vorfahren weggezüchtet worden sind, hin zu knalliger, aufgeblähter Wegwerfware. Zum anderen, weil mir beim Anblick ihrer leicht stupiden Riesengesichter unweigerlich Assoziationen an besonders rabiat aufgeräumte Gärten kommen, denen sie zumindest einen Hauch von Frühling verleihen sollen. Da stehen sie dann, Motto: »Die Wüste lebt«, zwischen penibel geharkter Erde und Blauzypresse und scheinen entsetzt in die lebensfeindliche Umgebung zu starren.

Glücklicherweise gibt es da ja noch die attraktive Verwandtschaft, das Hornveilchen, *Viola cornuta*. Seine Hybriden verbinden zarten Wildpflanzencharme mit einer wunderbaren Farbpalette. Das beste jedoch ist, daß viele, besonders die kleinsten, dunkelblauen, so intensiv nach Veilchen duften, daß ein Topf von ihnen Frühlingsgefühle selbst auf den winzigsten Balkon bringen kann. Hornveilchen stammen ursprünglich aus Spanien und den Pyrenäen, haben sich aber auch über einen großen Teil der USA verbreitet. Dort heißen sie »Johnny-Jump-Up«. Ein Name, so unwiderstehlich wie die zierlichen Katzengesichter. Hornveilchen für meine grau glasierten Töpfe zu kaufen, ist immer ein bißchen wie malen. All diese herrlichen Blautöne von ganz hell bis ganz dunkel, dazu Purpur, mattes Grauviolett, und erst die mehrfarbigen oder die weißen! Kein Wunder, daß ich regelmäßig mit viel mehr Pflanzen zurückkomme, als ich Töpfe habe. Andere erwerben ihren Garten- und Balkonfrühling da offensichtlich pragmatischer: Der alte Herr neben mir zog seine Frau von den grazilen Hornveilchen weg und drückte ihr statt dessen energisch ein überdimensionales postgelbes Stiefmütterchen in die Hand: »Nimm mal lieber die hier, Mutti! Da kriegt man wenigstens noch ordentlich was fürs Geld!«

Three Cheers for MS »Fischland«!

Vorbesitzer meines Häuschens war ein uralter Kapitän. Der Master next God, noch auf Rahseglern um Kap Horn gefahren, entwickelte im Alter, wie so viele seiner Zunft, recht ausgeprägte Eigenarten. Er lebte etwa hauptsächlich von Rotwein, den er regelmäßig an Bord seines gleichermaßen betagten Autos umschlug. Diese Diät muß ihm hervorragend bekommen sein. Die Nachbarn schwärmen heute noch davon, wie er, 87 Jahre alt, mit der Säge zwischen den Zähnen segelschiffgerecht auf seine Fünfzehn-Meter-Tanne aufenterte, um sie von oben nach unten zur Strecke zu bringen. Höhepunkt seiner Karriere muß einst die Zeit als »Vergnügungsoffizier« auf Luxuslinern gewesen sein. Dieser inoffizielle Dienstgrad hatte sich intensiv alleinreisenden Damen zu widmen. Das hatte anhaltende Spuren hinterlassen: Auch als er die Neunzig schon überschritten hatte, pflegte der Käptn die ebenfalls nicht mehr blutjungen Nachbarinnen bevorzugt als »Süße« zu titulieren, wenn möglich in den Allerwertesten zu kneifen, wobei er nicht einmal vor den nebenan wohnenden Zeugen Jehovas zurückschreckte, und zumindest zum Tête-à-tête bei Rotwein einzuladen. Seinen Garten dagegen behandelte er ähnlich subtil, doch weit weniger charmant: Alles, was Äste trug, wurde von Zeit zu Zeit gleichermaßen brachial auf halber Höhe abgesägt, alles, was am Boden wuchs, möglichst durch gestampften Lehm und/oder Schotter ersetzt. Dieses pragmatische Klar-Schiff zu Land zeitigte die gewünschten Erfolge: Die große Hecke, die ich heute nur noch mit Hilfe eines Profis und einer Riesen-Kompostkiste einigermaßen bändigen kann, war damals derart anorektisch, daß für den Schnitt eine Papierschere und für die Abfälle eine kleine Mülltonne genügten.

Um so inniger jedoch war die Beziehung des Kapitäns zu seinem eigenen Schiff, zur MS »Fischland«. Die kenne auch ich mittlerweile so gut, daß ich ihre persönlichen Daten spaßeshalber nachgeschlagen habe: ein Motorsegler von ganzen 124 BRT, Anno 1904 als »Ostfriesland« vom Stapel gelaufen. Zusammen mit ihrem Herrn hat die brave kleine »Fischland« weit über alle Pensionsgrenzen hinaus gearbeitet. Bevorzugte Ladung war offenbar Zement, und ebenso offenbar hat auch ihr Eigner reichlich davon profitiert. Die Betonsohle des (natürlich aus recycelten Schiffsbrettern) selbstgebauten Gartenschuppens entspricht in etwa der eines Atombunkers, und überall auf dem kleinen Grundstück waren Tonnen dieses unangenehm dauerhaften Werkstoffes vergraben. Vor allem da, wo vor dem Wohnzimmerfenster der Hauptmast der »Fischland« aufgestellt war, rundum gut befestigt mit etwa einer halben Schiffsladung Beton plus Armierungsstahl. Leider fiel die ungewöhnliche Gartenzier, vom Kapitän gern über die Toppen geflaggt, vor meiner Zeit einem irregeleiteten Specht zum Opfer. Er versuchte, seine Wohnhöhle darin anzulegen, der Mast fiel, der Beton jedoch blieb. Selbst nach dem Abtransport dreier randvoller großer Bauschutt-Container gibt es heute noch Stellen, an denen der Spaten knirscht und der gärtnerische Ehrgeiz zum Scheitern verurteilt ist: Käptn läßt grüßen! Das sonst so lästige Scharbockskraut halte ich hier hoch in Ehren: Wo selbst der Giersch verzagt aufgibt und die Quecke entsetzt einen Bogen macht, überzieht es die Betonplatten klaglos mit einen grünen Teppich. Andere Souvenirs der bis über die Abwrackwerft andauernden Bindung zwischen Schiff und Eigner sind erfreulicher, denn Gott sei Dank war mein Vorgänger nicht ganz so exzentrisch wie jener alte U-Boot-Fahrer, an dessen Wand die riesige Fraktur-Inschrift »Zur Waffenkammer« prangte. Er beschränkte sich darauf, den gesamten Keller inklusive Decke mit gruselschwarzer Schiffsfarbe zu streichen und überall die Reste von »Fischland« anzubringen. Die zumindest mag ich sehr: Wer sonst hat schon eine riesige Lenzpumpe neben der Waschmaschine oder eine Kellertür, auf der »Signallaternen« steht?

Am schönsten jedoch, sozusagen organisch eingewachsen, ist MS »Fischlands« Andenken im Garten: Ein Stück des Aufgangs, der eisernen Schiffstreppe, benutzen Terrier »Kümmel« und ich gleichermaßen gern: Ich stelle Blumentöpfe darauf ab, »Kümmel« liebt die Höhle darunter. Das Prachtstück dann fand sich in der finstersten Schuppenecke, sicher vor dem Zugriff jener erbenden Barbaren, die nach dem Tod des Kapitäns Mahagoni-Kartentisch und Signalflaggen buchstäblich in die Tonne gekloppt und die uralten Seekarten von den Wänden gefetzt hatten. Es war eine Werkbank, die durch ihr bloßes Gewicht standgehalten und sich sogar einem Durchsägeversuch erfolgreich widersetzt hatte. Kein Wunder: Bei Tageslicht erwies sie sich als Ladeluke, genauer: als Luke »IV« von MS »Fischland«. Massive, gut sieben Zentimeter dicke, uralte Eiche, ein mal zwei Meter groß, 30 cm hoch und als Hochbeet fortan Mittelpunkt meines neuen Gartens.

Jedes frühe Frühjahr fülle ich es neu, ähnlich wie ein Hügelbeet, und kann dabei das halbverrottete Herbstlaub des Vorjahres prima unterbringen. Spätestens zu den Eisheiligen ist alles soweit gesackt, daß ich, nachdem ich Kresse und Salat gerntet habe, rankende Kapuzinerkresse einsäe, zusammen mit einigen Kürbispflanzen und bunten Feuerbohnen. Alles klettert dann an dicken Stangen, erreicht bald alle möglichen und unmöglichen Plätze, und die frei in der Luft hängenden Kürbisse samt Begleitung geben bis zum Frost ein immer wieder überraschendes, fröhliches Bild. Danach ist die Schiffsluke Winterquartier für Kübelpflanzen wie meine Stachelbeer-Hochstämme und den kleinen Gingko, und ich kann mich in der schweren gartenlosen Zeit zumindest an dem schönen alten Holz mit dem dicken grünen Moosrand freuen. Inzwischen spielt seine edle silbriggraue Eichenfarbe durch die Feuchtigkeit ins Violette, und ein Jahrhundert Wind und Wetter haben die Maserung plastisch hervortreten lassen. Ein Schmuckstück, schöner und origineller als jede gekaufte Dekoration, doch leider vergänglich: Die Dauerfeuchtigkeit macht sogar das Eichenholz langsam mürbe.

Ich hoffe sehr, daß mein hochgeschätztes Spielzeug noch ein paar Jahre durchhält, denn ob es nun der genius loci ist oder einfach der praktische Nutzen, jedenfalls geht es mir längst wie dem Kapitän: Ich kann mir Haus und Garten ohne das liebenswürdige Geisterschiff nicht mehr vorstellen. Was der alte Seemann zu »Weiberkram« wie blütenumrankten, kürbistragenden Ladeluken sagen würde, möchte ich zwar lieber nicht so genau wissen, daß aber sein Schiff auf diese Weise noch ein bißchen weiter fortlebt, würde ihm sicher ebensogut gefallen wie mir. Deshalb, und hoffentlich noch lange: Three Cheers for MS »Fischland«!

Blühender Eigensinn: Veilchen

Ich bin, Gott sei's geklagt, nicht besonders musikalisch. Mein Vater, der eigene Unzulänglichkeiten auf diesem Gebiet achselzuckend mit dem klassischen Tacitus-Zitat »Frisia non cantat« abzutun pflegt, zwang mich dennoch, aus für mich nie nachvollziehbaren pädagogischen Gründen, jahrelang in den Schulchor. Der Erinnerung an den Musiklehrer, der uns lauernd zu umschleichen pflegte, um endlich die dingfest zu machen, die »da wieder die Mittelstimme nicht halten können«, verdanke ich ganz sicher ein massives Kindheitstrauma. Komischerweise singe ich dennoch gern, behalte diese Darbietungen aber inzwischen vorsichtshalber meiner Privatsphäre vor. Nicht zur Freude aller Betroffenen: Terrierhündin »Kümmel«, mit dem empfindlichen Gehör aller unterirdisch arbeitenden Jagdhunde gesegnet, ergreift, wenn leidende Blicke nichts helfen, vorsichtshalber die Flucht. Im Frühjahr hat sie es da besonders schwer, denn den ewig gleichen »Frühlingssingen« im Chor verdanke ich eine dauerhafte Macke: Noch heute muß ich schwer an mich halten, um beim Anblick von Veilchen nicht unverzüglich in »Komm lieber Mai und mache« auszubrechen, und in meinem Garten blühen sie reichlich. Schlechte Zeiten also für Kümmel, um so bessere für mich.

Wie auch könnte man Veilchen nicht lieben? Nicht bloß um ihrer vielbesungenen Qualitäten, sondern vor allem um ihres vergnüglichen Eigensinns willen. Sie sind ein blühendes Paradoxon. Wo eben noch nichts zu sehen war als vom Winter zerzaustes Laub, stehen plötzlich dicht an dicht die Knospen, lauter hängende, schmale Tropfen dieses intensiven, unvergleichlichen Blaus. Wenn sie sich zu den winzigen Blütenschmetterlingen geöffnet haben, sieht das tatsächlich aus wie aus einem vergilbten Poesiealbum: Da stehen die sprichwörtlichen Veilchen im Moose, deren Glanzbilder Generationen braver deutscher Töchter als ideales weibliches Rollenmuster dienen sollten: »sittsam, bescheiden und rein«.

Ein Eindruck, der täuscht, und zwar gewaltig. Heinrich Heine hat das gewußt:

> »Von der Bescheidenheit der Veilchen
> Halt ich nicht viel. Die kleine Blum'
> Mit den koketten Düften lockt sie
> und heimlich dürstet sie nach Ruhm.«

Ruhm hat sie gefunden, und zu recht: Ein einziger Sonnenstrahl genügt, und die Camouflage fällt. Vorbei ist es mit der unterwürfigen Unschuld. Statt dessen überzieht vor allem *Viola odorata*, das Märzveilchen, seine Umgebung mit einem Duft, vor dessen Macht und Intensität sich selbst die »stolze Rose« nur verstecken kann. So süß, so betörend und so unmißverständlich sinnlich ist das Veilchenodeur, daß die unwiderstehliche Kleine geradezu zwangsläufig auch zum gefragten Liebesboten avancieren mußte: Dieser geballte Charme, diese Kombination aus zerbrechlicher Grazie, schwerem Duft und tiefer, wie von innen leuchtender Farbe ist ebenso lockend wie unwiderstehlich. Auch wenn man nicht unbedingt singen möchte, stimmungsaufhellend sind Veilchen allemal: Die opulenten Wolken, mit denen schon ein kleiner, besonnter Teppich einen Garten überziehen kann, verwandeln selbst das gebückte Kriechen beim Giersch-Ausgraben noch in ein lockeres Frühjahrsvergnügen.

Grund genug, den Garten so üppig wie möglich mit ihnen zu bevölkern, und theoretisch ist nichts einfacher als das. Veilchen sind nahezu wartungsfrei und mit ihren aparten, immergrünen Blätterteppichen zu jeder Jahreszeit ein attraktiver Bodendecker. Die runden Blätter sind relativ trittfest und nehmen selbst gelegentlichen Kontakt mit dem Mäher nicht weiter übel, können also sogar am Rasenrand gut überleben. Das Dumme ist nur: Veilchen sind unglaublich eigensinnig. Sie haben ihre Vorstellungen von geeigneten Wohnlagen, und sie wissen sie durchzusetzen. Wollen sie nicht, wie ihr Gastgeber will, hat der Mensch keine Chance. Sie können blitzschnell verschwinden, um dafür plötzlich weit entfernt um so üppiger aufzutauchen. Diese Beweglichkeit ist genaugenommen Teamwork. Veilchen, auch hier weit weniger unbedarft, als sie aussehen können, sind geniale Strategen: Sie tragen süß schmeckende Köder an jedem Samenkorn und können so sicher sein, vor allem von Ameisen weit verbreitet zu werden. Auf diese Weise ist *Viola odorata*, ursprünglich im Mittelmeerraum daheim, auch zu uns gekommen, etwa seit dem achtzehnten Jahrhundert: per Ameise und Ausläufer, entlang nährstoffreicher Standorte an Waldrändern und Hecken.

Im Garten ist Höflichkeit die beste Taktik: Veilchen wissen wohldurchdachte Avancen zu würdigen und bevorzugen leicht feuchte Standorte mit Frühjahrssonne und Sommerschatten wie unter Laubbäumen und Sträuchern. Am wichtigsten ist reichlich Humus, etwa Kompost oder verrottetes Laub, und besonders niedlich sind sie zu Füßen alter Rosen oder Obstbäume. Ob sie solche Angebote allerdings annehmen und sich bescheiden, oder, wie es meine tun, dazu noch hartnäckig auf einem völlig ungeeigneten Platz genau auf der Einfahrt beharren, liegt ganz allein bei ihnen. Meine Märzveilchen, die ich als Einstandsgeschenk aus dem Garten einer besonders lieben alten Freundin mitbrachte, haben mehrere Jahre sozusagen das Terrain getestet, bis wir alle zufrieden waren. Den Standort unter den Heckenrosen, den ich ihnen zunächst zugedacht hatte, fanden sie nicht sonderlich attraktiv. Dafür blühten sie nach einiger Zeit genau da, wo sie eigentlich immer gefehlt hatten: zwischen den Walderdbeeren unter einer Kletterrose, im Waldmeister unter dem Kirschbaum. An diesen selbstgewählten Orten sind sie zu üppigen Teppichen herangewachsen, und dazu tauchen sie immer wieder da auf, wo ich sie eigentlich nie erwartet hätte: zwischen Steinen, in die Laub geweht ist, in Pflasterfugen und immer wieder bei Rosensträuchern. Als ich sie daraufhin aber unbedingt unter einer bestimmten Rose ansiedeln wollte, verschwanden sie, um neben der Nachbarin um so üppiger zu gedeihen. Versteh' einer die Veilchen!

Zwingen lassen sie sich wirklich nicht, und so ist es am vergnüglichsten für beide Seiten, ihren ausgeprägten Individualismus einfach zu genießen: Veilchensträuße an ausgefallenen Stellen gehören zu den nettesten Frühjahrsgeschenken, die ein Garten zu bieten hat. So sind sie nun einmal, und das ist ihr besonderer Charme. Nicht die fade »Reinheit«, die ihnen aus pädagogischen Gründen penetrant unterstellt wurde, und mit der sie zum Glück ohnehin nichts im Sinn haben. Im Gegenteil: Gefällt ihnen das Revier, vermehren sie sich bald so ungezügelt, wie sie berauschend duften. Welch unsittsamer Segen, denn wenn man von irgend etwas nie genug haben kann, dann von Veilchenduft nach einem langen Winter!

Unmöglicher Osterbesuch, oder: Der Hahn im Holzschuppen

Sachen gibt's, die gibt's gar nicht, einfach, weil es sie nicht geben *kann*. Wieso bloß passieren die dann immer mir? Zum Beispiel am frühen Sonntagmorgen, eine Woche vor Ostern. Abends zuvor hatte ich Bücherregale aufräumen wollen und mich, wie üblich, viel zu lange festgelesen, in Alex Haleys Familiensaga »Roots«, bei Chicken-George, dem Hahnenkämpfer. Entsprechend verschlafen ließ ich morgens »Kümmel« in den Garten, entsprechend sauer schlurfte ich hinterher, als sie plötzlich wie rasend kläffte. Nicht schon wieder Nachbars dreister Kater! Ich klemmte mir den Terrier unter den Arm und warf gähnend einen flüchtigen Blick über die Hecke. Mitten auf der Straße spazierte ein schillernder schwarzer Hahn.

Ich kniff, eisig entsetzt und plötzlich hellwach, die Augen zu, überzeugt, einer literaturbedingten Sinnestäuschung anheimgefallen zu sein. Als ich sie gaaanz langsam wieder öffnete, war der Vogel immer noch da. Mit der Seelenruhe des sonntäglichen Flaneurs, hier pickend, da kratzend, schlenderte er Richtung Hauptstraße. Nachdem ich die protestierende Kümmel hastig eingesperrt hatte, fiel mir nichts Klügeres ein, als den Gockel völlig verdutzt zu fragen: »Was machst du denn hier?!« Er legte den Kopf schief, maß mich, von unten nach oben, mit einem sehr kühlen Blick aus funkelnden roten Augen und schritt souverän durchs offene Gartentor. Ich hatte Besuch, und zwar sehr attraktiven: einen Zwerghahn, auffallend gepflegt, mit einem leuchtend metallischen Grünschimmer über dem blanken schwarzen Gefieder, feuerrotem Kamm und Gesicht und diesem hahnentypischen, unwiderstehlichen Ausdruck von Eitelkeit und Selbstbewußtsein. Daß das neue Revier ihm gehörte, stand für ihn völlig außer Frage. Es störte ihn dabei nicht im geringsten, daß Kümmel hinter der Haustürscheibe lautstark und hörbar mordlustig kundtat, daß da wohl noch einiges auszudiskutieren sei …

Seit ich als Kind mit Hühnern befreundet war, wollte ich immer welche, und seit ich hier wohne, träume ich von Zwerghennen. Eigentlich kein Problem, solange sich die Nachbarn nicht beschweren. Dummerweise aber steht fest, daß mich die Hardliner der Thuja-und-Betonfraktion schneller und reichlicher mit Anzeigen bedenken würden als die Hühnchen mit Eiern. So verzichte ich, und das ist sehr bitter, denn, wie ich nun feststellen konnte, stand der königliche Vogel meinem leicht verwilderten Gärtchen ausgesprochen gut. Nur kurzfristig verwandelte sich meine Bewunderung in leichtes Schaudern, als er beim Scharren genau über die sprießenden Königslilien geriet. Dann aber machte er sich energisch über den jungen Giersch unter dem Flieder her. Fürwahr ein Anblick, von dem Gärtner träumen!

Was tun mit einem fremden Hahn, mitten in der Innenstadt, früh am Sonntagmorgen? Daß jemand dieses prachtvolle, beringte Tier schmerzlich vermißte, war klar, und so arretierte ich meinen Gast im großen, durchsichtig gedeckten Schuppen – natürlich erst, als er mit dem Giersch fertig war – und rief die Polizei an: »Ist irgendwo ein schwarzer Zwerghahn als vermißt gemeldet?« Langes Schweigen am anderen Ende, dann ein konsterniertes: »*Wie bitte...?!*« Der Gockel war nicht aktenkundig, und das Tierheim weigerte sich strikt, ihn aufzunehmen. (»Nachher wird er nicht wieder abgeholt.«)

Dann fiel mir ein, daß ich in letzter Zeit öfter ein entferntes Krähen gehört hatte, nur wußte ich leider nicht, von wo. Also versöhnte ich die vor Jagdgier und Eifersucht gleichermaßen zitternde Kümmel mit einem großen Such-Spaziergang, akustisch unterstützt von unserem Logiergast, der ausdauernd zu krähen begonnen hatte. Es kam keine Antwort, und niemand wußte von Hühnern in der Nachbarschaft. Dafür erzählten mir Spaziergänger, daß der schöne Schwarze auf der Hauptstraße schon fast überfahren worden sei. Warum ihn niemand eingefangen habe? Empörte Reaktion eines stattlichen Herrn: »Mit so'nem Riesenvieh« – und er umriß locker die Spannweite eines Truthahngeiers – »laß ich mich doch nicht ein!«

Und dann wußte ich, wo ich am Montag Hilfe finden würde: Bei unserem geflügelzüchtenden Buchhändler, der jede Feder im Landkreis kennt. Bis dahin spielte ich ausgiebig mit dem Gockel: Ich schüttete einen Sack Rindenmulch im Schuppen aus, damit er scharren konnte, fütterte ihn aus der Hand und verzieh ihm sogar, daß er, trotz anderer Angebote, unbedingt auf dem großen Korb mit Anmachholz sitzen mußte und es reichlich mit ausgesprochen rustikalen Verzierungen versah. Hoffentlich würde ihn nachts der Marder nicht erwischen, und hoffentlich würde er morgens nicht allzu früh zu krähen beginnen!

Er begann um exakt 5.38 Uhr. Ich genoß es sehr, wenigstens einmal von einem derart ländlichen Geräusch geweckt zu werden, zumal sich der Hahn noch einmal richtig um meinen Garten verdient machte, indem er eine üppige Portion Giersch zu seinen Frühstücks-Haferflocken verputzte. Als ich schließlich den Buchhändler nach ihm fragte, mußte der nicht einmal überlegen: »Zwerghahn, schwarz, auffallend schön? Das ist der junge Champion-Italiener vom alten Herrn Schröder!«

Bingo. Er war's und, wie sich herausstellte, wohnte sein Besitzer fast um die Ecke, wohlabgeschirmt hinter einer sehr hohen Steinmauer und gesegnet mit toleranteren Nachbarn. Er züchtete, wie er mir stolz erzählte, seit über dreißig Jahren einen Stamm preisgekrönter schwarzer Zwerg-Italiener und war mehr als erleichtert, seinen Star und Champion lebend wiederzubekommen. Der hatte, nach einem Kampf mit einem Rivalen, einen winzigen Durchschlupf hoch oben in der Mauer gefunden und sich zu früher Stunde diskret in die Freiheit aufgemacht. Sein Ausflug wurde nun abrupt beendet: Der Chef rang ihn, trotz wütender Gegenwehr, ohne weitere Umstände mit einer Fächerharke zu Boden und verstaute ihn in einem Pappkarton, nicht ohne mir, angesichts des luxuriösen Hühner-Hotels, grinsend die Frage gestellt zu haben: »Soll ich ihn Ihnen nicht doch lieber hierlassen?« Beunruhigenderweise fand auch er, daß auf dieses Grundstück nahezu zwangsläufig Zwerghühner gehörten (»... so eine hübsche kleine Voliere«), lud mich dringend in seinen Geflügelzüchterverein ein, drängte mir einen unangemessen stattlichen Finderlohn auf, den ich in Hundekuchen für die eigentliche Finderin umsetzte, und zog strahlend mit einem lauthals und empört krähenden Karton von dannen.

Ich bin nicht hingegangen. Ich weiß einfach nicht, wie lange ich der Versuchung dann noch standhalten könnte, und Nachbarschaftsärger habe ich ohnehin genug. Stattdessen freue ich mich um so mehr daran, frühmorgens, über den Berufsverkehr, ab und zu ein bekanntes Krähen zu hören. Dabei träumt es sich nämlich noch angenehmer von einem netten kleinen Resthof – riesiger Garten, viele Nebengebäude, und natürlich Alleinlage …

Lebendige Deckung

Auf diesen besonderen Morgen warte ich jedes Jahr ungeduldiger als auf Weihnachten, Geburtstag und die erste Rose zusammen. Wann genau mein ganz privater Feiertag anbricht, weiß ich nie. Meist ist es Anfang Mai, und immer ist schon der erste Blick nach draußen ein Fest. Monatelang haben Nachbars finstere, verschnittene Fünfzehn-Meter-Tannen mit dem Liebreiz mürrischer Gefängniswärter ins Schlafzimmerfenster gestarrt und sich dabei vermutlich überlegt, ob sie mir schon dieses oder doch erst nächstes Jahr den Hausgiebel einschlagen wollen. Statt der latenten Drohung gibt es nun plötzlich reines Licht: Die Blütenkronen meiner Obstbäume sind aufgegangen. Die morbide Nadelmauer dahinter ist weitgehend außer Sicht, und das bis zum Herbst!

Wenn das kein Grund zur Euphorie ist, wüßte ich keinen, und doch ist es erst der Anfang. Das Highlight wartet unten. Durch alle Fenster schimmert nur noch eines: GRÜN! Am überraschendsten und überwältigendsten ist dieser Effekt nach einem warmen Regen. Dann ist alles rundum buchstäblich über Nacht verwandelt: Verschwunden sind die Parkplätze, unsichtbar die Müllcontainer, die Nachbarhäuser scheinen sich taktvoll zurückgezogen zu haben. Jetzt dauert es nur noch einige Tage, und alles ist so dicht, daß ich abends nicht einmal mehr die Vorhänge zuzuziehen und den Garten auszusperren brauche. Ein paradiesischer Zustand, der anhält, bis die Blätter fallen und die Straße wiederkommt. Doch das ist noch so lange hin. Dieser erste grüne Morgen ist für mich das größte Garten-Versprechen der Saison. Ich liebe diesen Tag, und ich liebe meine Hecke.

Das war nicht immer so, besteht sie doch hauptsächlich aus Flieder und Liguster, und Ligusterhecken gehörten für mich, als Inbegriff verstaubter Fünfziger-Jahre-Spießigkeit, lange zur Gruselbotanik schlechthin. Heute allerdings, gemessen an den modischen Nachfolgern Thuja und Blaue Säulenzypresse, erscheint mir der biedere Liguster geradezu als optische und ökologische Offenbarung. Vor allem aber hat er sich hier als freundlicher, zuverlässig beschirmender Verbündeter erwiesen, und den habe ich auch bitter nötig.

Die Kombination von geringer Grundstücksgröße und ausgeprägter sozialer Kontrolle kann nämlich durchaus anstrengend werden, auch und gerade bei netten Nachbarn. »Ich hab's gerade ausprobiert«, strahlte etwa einer von ihnen, »ich sehe von der Straße aus wirklich durch Ihr ganzes Haus!« Von gegenüber hieß es: »Ich beobachte Sie immer, wenn Sie am Schreibtisch sitzen«, gefolgt von der leicht vorwurfsvollen Anfrage von links: »Daß Sie gestern Besuch hatten, haben wir ja mitbekommen. Aber was waren das für Dias, die Sie da geguckt haben?« Floh ich, gelinde irritiert von derart überwältigender Anteilnahme an meinem durch und durch langweiligen Leben, in den Garten, erschienen garantiert von rechts die reizenden Zeugen Jehovas, um mit mir über die Bibel zu reden. Irgendwann fühlte ich mich wie in diesem legendären Witz: »Ich bin nicht paranoid – aber das heißt noch lange nicht, daß sie nicht hinter mir her sind!«

Dazu kam der Wunsch, den Garten meiner Träume ohne optische Einmischung anzulegen. Vielleicht bin ich da überempfindlich, aber für das hemmungslose Aufstellen von Wäschespinnen dicht an der Grundstückgrenze sollten meiner Meinung nach ebenso drakonische Strafen eingeführt werden wie für den Hang zur Blauen Säulenzypresse in militärischer Aufmarschformation. Auch dem Blick auf farbenfrohe Abfallbehälter oder private Bauschuttdeponien konnte ich immer weniger abgewinnen. Es war die alte Hecke, die meine junge Gartenfreude rettete. Kräftig gefüttert legten die Sträucher zu, als hätten sie nur auf diese Chance gewartet. Schon den zweiten Sommer verbrachte ich wohlabgeschirmt und stellte verblüfft fest, daß das kleine Grundstück, rundum abgeschlossen wie ein grünes Zimmer, viel großzügiger wirkte als im Winter, wenn zwar der Blick weiter geht, die Nachbarschaft uns aber allzu dicht zuleibe rückt.

Die Spießigkeit übrigens habe ich dem Liguster gründlich abgewöhnt: Zwei große Heckenrosen, an Pfosten (mit Nistkasten daran, natürlich!) aufgebunden, fallen locker über ihn hinweg, und über dem strengen dunklen Grün sehen die Hagebutten doppelt so fröhlich aus. Unten machen Asthaufen, der unausrottbare Giersch und einige große Steine das Revier für Zaunkönig, Spitzmaus, Grasfrosch & Co attraktiv – und gleichzeitig erfreulich unattraktiv für die Autofahrer von gegenüber. Stattliche, selbstverständlich vorschriftsgemäß weiß gestrichene und einen Millimeter hinter meiner Grenze deponierte Findlinge haben die nachbarschaftliche Rücksicht auf das Schönste gefördert. Vorbei das widerliche splitternde Krachen, wenn der Flieder beim Zurücksetzen als bequeme Knautschzone diente …

Mit der Freude an der Hecke wuchsen allerdings auch die Probleme. Dschungelartiges Wachstum auf zehn Metern Straßenfront per Hand und Heckenschere zu bändigen, erwies sich für mich als weitaus anstrengender, als ich in meinem Anfänger-Enthusiasmus angenommen hatte, zumal in Reichweite der allzeit angriffslustigen Heckenrosen. Mein Vater springt zwar gerne ein, und keiner frisiert die Zwei-Meter-Ligusterkugel am Tor derart gekonnt wie er. Leider ist seine maskuline Risikofreude dabei sogar noch ausgeprägter als seine Schnittkünste, und das Zusehen bei riskanten Turnübungen auf der obersten Stufe einer kippelnden Leiter fand ich auf die Dauer strapaziöser als das Do-it-yourself. Nach einem spektakulären, haarsträubend knapp gescheiterten väterlichen Selbstentleibungsversuch mittels einer Kombination von Gartenstuhl plus daraufgestellter Leiter beschloß ich heimlich, fortan doch lieber den eigenen Nacken als den letzten Nerv zu riskieren. Vergangenen Herbst dann war die Hecke derart hoch und breit verholzt, daß ich tun mußte, wovor ich mich bis dahin gedrückt hatte: Ich ließ sie von einem Gärtner durchgreifend stutzen und verjüngen. Es war ein Kulturschock, die geliebte Deckung so früh und so rigoros fallen zu sehen, und das leider nicht nur für mich. Die Vögel verzogen sich, der sonst im Liguster überwinternde Spatzenschwarm blieb aus, und der Blick aus dem Fenster war noch deprimierender, als er es in der laublosen Zeit ohnehin schon ist. Natürlich besteht ein großer Teil der Heckenfreude, generell der Liebe zum Laub, aus dem Reiz der Jahreszeiten, dem Wechsel zwischen kahl und grün, zwischen Winterfrust und Erlösung im Mai. Als allzeit dichte Mauer täten es auch Koniferen, wo aber bliebe da das lebendige Vergnügen? Ich weiß also, daß sich das Warten immer auszahlt, nur: Diesmal ist es wirklich hart, und viel länger also sonst wird es auch dauern. Ich hoffe bloß, die verjüngte Hecke wird schöner denn je, dann hätte sich das Opfer reichlich gelohnt. Mein Garten wäre nicht viel ohne ihren Schutz, ohne jene angenehme und zwanglose Distanz, die Nähe erst erträglich macht.

Die erste und die letzte: »Gloire de Dijon«

Natürlich bin ich eine sehr gerechte, vernünftige Gärtnerin, die all ihre Pflanzen gleichermaßen schätzt und würdigt. Jedenfalls erzähle ich das gern. Ebenso natürlich ist das ziemlicher Unsinn. Vernunft ist bei ernsthaft vom Garten-Virus Befallenen ohnehin rar, und die grüne Wirklichkeit sieht, wie wir wissen, ganz anders aus. Ich etwa verliebe mich, in leicht überbordender Begeisterungsfähigkeit, ständig in die, die gerade blühen oder sich sonstwie von ihrer besten Seite zeigen. Das geht von den ersten zartblauen *Iris reticulata* im Januar bis hin zum letzten goldenen Gingko-Blatt im Novembernebel oder dem Buchsbaum im Schnee. Jedesmal wundere ich mich, wie ich gerade dieser unwiderstehlichen Pflanze nur so viel zu wenig Platz einräumen konnte, jedesmal nehme ich mir vor, diesen Irrtum schleunigst zu korrigieren. Bis der nächste große Auftritt diesen ablöst. So gesehen bin ich tatsächlich eine besonders gerechte Gärtnerin: Am Ende profitieren alle, jeder zu seiner Zeit.

Aber einige sind doch noch ein bißchen gleicher als die anderen, und schon ein kleiner Test zeigt zuverlässig, wer. Nein, ich meine da nicht diese berühmte Frage: »Welche drei Pflanzen würden Sie auf eine einsame Insel mitnehmen?« Klingt toll, ist aber wenig aussagekräftig: Ich zum Beispiel liebe gigantische Heckenrosen über alles, würde mir aber nach einigen Jahren engen Zusammenlebens mit *Rosa canina* sehr gut überlegen, ob es ratsam wäre, einsame Inseln mit ihnen zu teilen. Das käme allenfalls in Frage, falls ich mich je gedrängt fühlen sollte, den Rest meiner Tage wie Dornröschen in Gesellschaft eines ebenso wuchsfreudigen wie angriffslustigen Stacheldrahtverhaus zu verbringen – und das auch noch fernab aller Prinzen …

Um das Inkognito von Gärtners wahren Favoriten zu lüften, empfiehlt sich statt dessen der Praxistest: Wer bekommt immer wieder die letzte Handvoll Dünger, den letzten Tropfen aus der Gießkanne, den ersten Winterschutz? Bei mir ist das, mit verräterischer Regelmäßigkeit, »Gloire de Dijon«, die unvergleichliche alte Kletterrose. Sie ist die erste und die letzte unter meinen Rosen: Früh im Mai schon beginnt sie zu blühen, und in milden Jahren macht sie oft bis kurz vor Weihnachten weiter.

Daß mein Herz und mein allerbester Gartenplatz einer Rose gehören, versteht sich von selbst, habe ich doch am Sommeranfang Geburtstag. Wer da Rosen nicht liebt, dem ist einfach nicht zu helfen. Daß es vor allen anderen diese eine sein mußte, stand auch schon lange fest. Es war sozusagen Liebe auf den ersten Duft, als ich ihr einst auf einem Familienausflug in einem botanischen Garten begegnete, auf einen Duft, der mir vorkam wie der ganze, alles versprechende Frühsommer in einem einzigen Atemzug. Stolz konnte ich mit meinem ersten Schulfranzösisch ihren Namen von einem Blechschild vorlesen: »Gloire de Dijon«. Ich vergaß später wieder, wie sie ausgesehen hatte, aber zweierlei vergaß ich nie: diesen Namen und dazu diesen Duft.

Offenbar ist ein derartiger »coup de foudre«, ein so blitzartiges Verlieben, angesichts von so viel Charme eine ziemlich normale Reaktion. »Gloire de Dijon« jedenfalls hat es zu geradezu legendärer Berühmtheit gebracht, seit der Dijoner Gärtner Pierre Jacotot sie 1853 einführte. Angeblich entstammt die charismatische Französin der Kreuzung zwischen einer unbekannten Teerose und der Bourbonrose »Souvenir de la Malmaison«, auch die kletternde Noisette »Desprez à Fleur Jaune« soll zu ihren Vorfahren zählen. Jacotot verstand offenbar ebensoviel von Marketing wie von Rosenzucht, denn fest steht immerhin, daß sein wohlklingender Name Programm wurde: Kaum eine Rose hat, weltweit, je mehr Erfolg gehabt, mehr Menschen erfreut als »Old Glory«, wie sie auf Englisch heißt. Sie hat tatsächlich so sehr zum Ruhme ihrer Heimatstadt beigetragen, daß Dijon dieser berühmtesten »Einwohnerin« auch heute noch, inzwischen auf der offiziellen Internet-Website der Stadt, ehrend gedenkt.

Anderthalb Jahrhunderte Karriere jedoch scheinen ein wenig an den Kräften der ebenso noblen wie robusten Schönheit gezehrt zu haben: »Leider«, so »Rosenpapst« David Austin, »hat sie in den letzten Jahren etwas von ihrer Wuchskraft eingebüßt«. Leider hat er recht: Von meinen beiden Pflanzen am identischen Standort kam eine nie über einen mickrigen Meter hinaus, schob nur dünne, jämmerliche Triebe und blühte fast überhaupt nicht. Die zweite dagegen macht der Vitalität, die so sehr zu ihrer Gloire beigetragen hat, alle Ehre. Inzwischen legt sie mir sogar Blüten hoch oben aufs Schlafzimmer-Fensterbrett und hat damit einen meiner größten Gartenwünsche erfüllt. Kann man schöner aufwachen?

Die Knospen sind fröhlich rotgelb gestreift, die großen, flachen knittrigen Blüten werden abwechselnd als »blaß strohgelb«, »bernsteinfarben« »verwaschen rosabraun« oder »apricot« beschrieben. Alles stimmt, denn »Gloire de Dijon« denkt nicht daran, sich auf eine Blütenfarbe zu beschränken. Ein auffallend warmer Ton ist immer vorherrschend, so warm, lebendig und schmeichelnd, daß der britische Dichter D. H. Lawrence ihn mit dem »milden goldenen Schatten« auf der Haut seiner Geliebten Frieda verglich. Die ersten Blüten sind noch eher hell, bis hin zu einem gelblichen Elfenbein. Wenn die Knospe sich gerade öffnet, erinnern sie mit ihrer akkuraten Form und der matten, vollen Cremefarbe an Marzipanrosen. Je weiter der Sommer fortschreitet, desto dunkler blüht die Rose, bis ihr Gelb mit tiefen Apricot- und Brauntönen gemischt ist, bei Hitze mit einem immer stärkeren Hauch Rosa akzentuiert.

»Gloire de Dijon« hat mir noch nie Anlaß gegeben, meine Favoritenwahl zu bereuen, auch wenn selbst sie durchaus Nachteile hat. Ihr Laub ist, wie das vieler gelber Rosen, sehr anfällig gegen Sternrußtau, was ihre Blühfreude aber nicht zu beeinträchtigen scheint. Viel, viel ärgerlicher: Die gefüllten Blüten vertragen kaum Regen, und so ist es ein ewiges Vabanquespiel zwischen schimmernder Herrlichkeit oder jämmerlichen braunen Mumien. Allerdings ist selten alles verloren, denn meist verstecken sich einige Blüten unversehrt unter dem Dachüberstand, und so üppig wie sie remontiert, gibt es bald eine neue Chance. Ob sie sich nur bei mir so benimmt, weiß ich nicht, aber zumindest meine »Gloire« scheint keinen Schnitt zu mögen. Sie hat jedesmal derart mürrisch darauf reagiert, daß ich sie jetzt in Ruhe lassen und abwarten werde, ob ihr das besser gefällt. Ihr frischer, fruchtiger Teerosenduft ist ebenso wunderbar, doch lange nicht so überwältigend stark, wie ich ihn in Erinnerung habe. Er ähnelt zwar in keiner Weise »altem Kuchen, an dem schon Wespen waren«, wie Alma de L'Aigle vor fünfzig Jahren das Odeur einer neuerworbenen »Gloire« kritisierte, aber ich frage mich doch, ob ich das Alter erreicht habe, in dem die Erinnerung derart verklärt, oder ob der legendäre Duft von »Old Glory« tatsächlich ein wenig schwächer geworden ist. Selbst wenn es denn so wäre, ich liebte sie nicht weniger. Ist doch »Gloire de Dijon« einer der ganz wenigen Träume, den die Realität sogar noch übertrifft!

»Die spinnen, die Römer«: Giersch

Manchmal könnte ich das Gärtnern aufgeben. Bevorzugt dann, wenn ich steif, verdreckt und verbittert aus der Hecke krieche, Zweige im Genick und Obelix' legendären Ausspruch im Sinn: Die spinnen, die Römer! Die nämlich sind an allem schuld. Ihre Legionen, so heißt es, hätten das Teufelszeug einst als Gemüse über die Alpen gebracht, und mit dem Nachgeschmack dieser antiken Salatküche werden Gärtner bis in alle Ewigkeit zu kämpfen haben. *Aegopodium podagraria*, unheilvoll bekannt als Giersch oder Geißfuß, sind seither Eroberungen gelungen, von denen das römische Imperium nur träumen konnte: Ganz Germanien ist vom Giersch besetzt, und wer ansonsten gelassene Gartenfreunde mal so richtig die Contenance verlieren sehen und endlosen Frontberichten lauschen möchte, der braucht nur beiläufig seinen Namen zu erwähnen.

Ich habe ihn natürlich auch, oder, ehrlicher: Er hat mich. Er war schon lange vor mir da, und er wird mich mit Sicherheit überdauern. Unausrottbar ist er in den Wurzeln sämtlicher alten Sträucher rund ums Grundstück verankert, und von diesen zahlreichen Widerstandsnestern aus versucht er unaufhaltsam, das verlorene Terrain zurückzuerobern. Militärisches Vokabular ist bei diesem militanten Gewächs übrigens durchaus angemessen: Giersch ist der klassische Aggressor, gnadenlos durchsetzungsfähig und immer auf dem Sprung, die ewige Bedrohung aller Kultur durch das übermächtige Ungezähmte.

Das dominante Doldengewächs gedeiht nahezu überall und vermehrt sich vor allem mit langen, blitzschnell in alle Richtungen treibenden unterirdischen Wurzeln, aus denen noch schneller neue Pflanzen sprießen. Um diese Wurzeln zu extrahieren, bedarf es der Fingerfertigkeit eines Chirurgen, gepaart mit der Geduld eines Heiligen. Der atavistische Zorn, der sich unfehlbar einstellt, wenn man ihn auch im zehnten Jahr von derselben Stelle entfernen muß, ist dabei wenig hilfreich: Ein einziger entnervter Ruck, und der spröde weiße Wurzelstrang zerbricht in kleine Stücke, von denen jedes umgehend eine neue Gierschpflanze gebiert. Ein einziges übersehenes Stückchen, und alles geht von vorne los. Eine Schwäche immerhin hat er, zumindest bei mir: Er ist faul. Die lockere Kompostschicht über dem schweren Lehm verleitet ihn unfehlbar dazu, mit dem Wurzelgeflecht dicht an der Oberfläche zu bleiben, und besonders aus feuchtem Boden läßt er sich dann leicht ausheben. Daß ich dabei schnell wie ein suhlendes Wildschwein aussehe, wiegt angesichts archaisch aufflackernder Jagdinstinkte wenig. Triumphe dieser Art gehören zu den Höhepunkten im Gärtnerdasein und sollten unbedingt entsprechend ausgekostet werden: Sie sind selten genug. Der grüne Eroberer hat alle Vorteile in einem Maße auf seiner Seite, daß es einfach nur unfair ist: Seine Vitalität übertrifft die so ziemlich aller Kulturpflanzen und der meisten Gärtner, krank wird er nie, und Freßfeinde, von einigen tapferen Hühnern abgesehen, verschmähen ihn. Ich kann es ihnen nicht verdenken. Meine sämtlichen Versuche, der Plage, wie oft angeraten, ganz easy durch Verspeisen Herr zu werden, scheiterten kläglich. Ich vermag einem

Gewächs, das in jeder Zubereitungsform unangenehm an welkes Möhrenkaut erinnert und roh einen widerlich kratzigen Nachgeschmack hat, kulinarisch absolut nichts abzugewinnen.

So gelangten wir, zwangsläufig, zu einem fragilen Waffenstillstand: Der Giersch hatte sein Revier unter den Hecken, ich meins davor, und die Demarkationslinie zu den Beeten verteidigte ich grimmig. Das ging so lange gut, bis ich diesen Winter die alten Sträucher stark zurückschneiden mußte. So bekam der unerwünschte Untermieter plötzlich reichlich Licht. Gleichzeitig gaben meine Nachbarn die Auseinandersetzung auf, rupften ihrem Giersch nur noch die Blätter ab und ließen ihn unterirdisch gegen die gesamte Grenze marschieren. Wie die spontanste aller Spontanvegetationen diese Chance nutzt, muß ich wohl keinem Gärtner näher erläutern. Angesichts von soviel Durchsetzungswillen klingen Tips aus esoterisch angehauchten Gartenratgebern, das endlose Buddeln doch gleich zur entspannenden Meditationsübung zu adeln und so, ganz nebenbei, auch noch höherer Weisheit teilhaftig zu werden, wie blanker Hohn. Eine Weisheit allerdings kann diese Pflanze in der Tat sehr einprägsam vermitteln: die von der Eitelkeit allen menschlichen Strebens.

Wer je, fest eingeklemmt zwischen Zaun und Gehölz, ganz verkrampft im Hier und Jetzt und bis dicht an die Sollbruchstellen aller Bandscheiben verdreht, tagelang zerbröckelnde Gierschwurzeln aus den Wurzeln fünfzigjähriger Sträucher gefummelt hat, wird verstehen, daß meine Gedanken ansonsten zusehends und zwanghaft um rabiatere Lösungen kreisen, von Kalkstickstoff bis

Kernspaltung. Ich habe sogar, in einem Moment tiefster Verzweiflung, erwogen mich von meiner geliebten Strauchhecke zu trennen, nur um der Giersch-Invasion *einmal* Herr zu werden. Nur ein einziges Mal! Doch ich weiß, es wäre vergeblich. Zu gut erinnere ich mich der alten Dame, die in einem ähnlichen Verzweiflungsanfall schließlich einen Profi mit mit dem Entgierschen des Familienbesitzes betraute. Wer ging, waren die uralten Rhododendren. *Aegopodium podagraria* blieb.

ROSEN IN BILD UND WORT
WURPS
Das Rosenlexikon
DAS PRAKTISCHE ROSENBUCH IN FARBE
Ratschlag für den Rosenfreund
DER ROSENGARTEN

Magie

Es geht so furchtbar schnell: Jetzt läßt schon »Veilchenblau«, die Kletterrose mit dem intensiven Orangenduft, ihre grauvioletten Blütenblätter fallen. Die Rosenzeit ist fast zu Ende. Sicher, einige blühen später nach, aber das ist im Moment ein schwacher Trost. Warum bloß macht dieser Abschied immer derart melancholisch, obwohl doch der Hochsommer noch bevorsteht? Was ist nur dran an den Rosen? Warum lieben wir, warum liebe ich sie so sehr, besonders die alten? Diese Frage habe ich früher mit weitschweifigen und doch stets ungenügenden Hinweisen auf Duft, Schönheit und Kulturgeschichte zu beantworten versucht, jedoch meist vergeblich. Wer nämlich angesichts von so viel Charme überhaupt noch analysieren muß, der wird es ohnehin kaum verstehen.

Heute, Harry Potter sei Dank, ist alles viel einfacher. Da reicht es, allzu lästige Frager mit einen bedeutungsschwer hingeworfenen »Magie!« ruhigzustellen. Das kann inzwischen eine ähnlich apodiktische Wirkung haben wie der raunende Hinweis auf das Sternzeichen (»Du, ich muß das einfach so machen, ich bin Zwilling, verstehst du?«). Eine unfehlbare Ablenkung ist es allemal, weil die Adressaten entweder prompt und umflorten Auges von ihren Gartenelfen daheim zu schwärmen beginnen, oder aber schwer schlucken, mich fortan für allzu exzentrisch halten, um irgendwelche vernünftigen Fragen zu diskutieren, und schleunigst das Revier verlassen, bevor ich noch eine Konversation mit den Wegwarten beginnen kann …

Banausen, die selbst Auge in Auge mit einer schimmernden, samtrotbraunen »Tuscany«-Blüte den Unterschied zwischen vierhundert Jahren Gartengeschichte und steriler, duftloser Treibhaus-Massenware immer noch nicht kapieren, sind ohnehin hoffnungslos. Wenn sie ihre Ignoranz womöglich auch noch mit den Worten »Warum ist die denn so klein? Bei uns im Supermarkt gibt's aber viel größere!« kundzutun wagen, sollten sie mit Gartenverbot nicht unter zehn Jahren bestraft werden!

Vielleicht ist es aber nicht nur Magie, die mich jedes Jahr, wenn mit der alten Kletterrose »Gloire de Dijon« die Rosensaison beginnt, in einen regelrechten Ausnahmezustand versetzt. Vielleicht ist es ebenso das Gefühl, eine aussichtslos scheinende Herausforderung wieder einmal gemeistert zu haben. Sie blühen doch, allem vorhergegangenen Unbill zum Trotz! Rosen sind dramaturgisch ungemein geschickt: In genau dem Moment, in dem man schlimmstenfalls drauf und dran ist, die dauerkränkelnden Sträucher aus dem Beet zu werfen, überstrahlen sie allen Ärger mit ihrer unvergleichlichen Blüte. Und, natürlich: Sie können ja nichts für diese speziellen norddeutschen Sommer, die Heinrich Heine so treffend als »grün angestrichene Winter« charakterisiert hat. In solchen ekelhaft nassen und kalten Jahren hüllen sich meine bedauernswerten Rosen schon im Mai dicht an dicht in die melancholischen schwarzen Tupfen des Sternrußtaus, einer Pilzkrankheit der Blätter, dann schlägt der Rosenrost zu, dann rieselt das gelbe Laub, und irgendwann ist alles zu spät. Fungizide zu spritzen, kann man schlicht vergessen: Wenn es am nötigsten wäre, geht es, der wochenlangen Dauernässe wegen, sowieso nicht. In freundlichen Jahren dagegen gedeihen die Rosen auch ungespritzt, Beten um gutes Wetter ist also weitaus sinnvoller. So weiß ich von vielen, normalerweise völlig unfrommen Mitgärtnern, daß sie, genau wie ich, das halbe Frühjahr damit verbringen, dem launischen Wettergott bei jeden heraufziehenden Islandtief verzweifelt einen Handel nach dem anderen vorzuschlagen: Nimm alles – nur bitte, bitte, nimm nicht die Rosenblüte!

Dieses Jahr, endlich, wurde unser kollektives Flehen wieder einmal erhört: Kein wochenlanger Dauerregen, keine Eiseskälte, kein Zwölfer-Orkan Mitte Juni – das Rosenfrühjahr war nahezu perfekt. So werde ich in kommenden nassen Jahren wieder wissen, wofür sich schließlich alles Leiden lohnt. Um so deprimierender, daß sich die so lange erwarteten Prachtstücke jetzt schon wieder verabschieden, und mit ihnen die allerschönste Gartenzeit. Bis zur Nachblüte gibt es zumindest einen Trost: diese ganz und gar unwiderstehlichen Kataloge! Selbst in meinen kleinen Garten sollte doch irgendwo, irgendwie, noch eine schöne Rose mehr hineinpassen. Notfalls mit Magie!

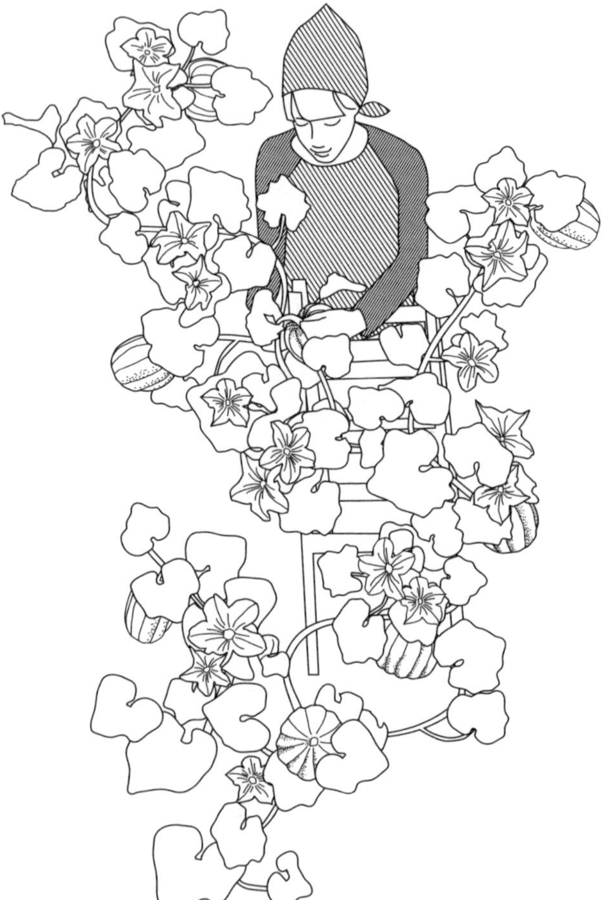

Spiel nicht mit den Schmuddelkindern …

Irgendwann mußte ich den Tatsachen ins Auge sehen: Mein großer Kirschbaum brauchte einen fachkundigen Schnitt, oder er würde auseinanderbrechen. Damit sich die Räumerei draußen auch lohnte, sollten die netten Herren vom Gartenservice am selben Tag gleich auch noch die morschen Geländer an Treppe und Terrasse erneuern. Und, man gönnt sich ja sonst nichts, meinen langgehegten Traum erfüllen und eine Pergola quer über die Einfahrt bauen. Für den Weinstock, vor allem aber für mein sommerliches Lieblingsspielzeug: für »Triffid«, den kletternden Kürbis mit den wunderbar langen Ranken.

Kurz vor dem Termin allerdings wurde meine Vorfreude erheblich gedämpft. In der Hoffnung, die durch das große Obstbaum-Massaker rundum heimatlos gewordenen Rotschwänze im Revier zu halten, hatte ich spät noch einen Nistkasten an die Zwetschge gehängt, sehr dicht neben den Kirschbaum. Wohl zu dicht, denn dort hauste jetzt ein lebhaftes Wespenvolk. »Kein Problem«, lautete die Auskunft der Profis, »wir nehmen uns einfach mehr Zeit und arbeiten mit der Handsäge. Das gibt keine großen Erschütterungen. Außerdem merken die Wespen, daß wir ihnen nichts tun.«

Letzeres bezweifelte ich leise, aber: Ich würde auch nicht hoch in den Baum klettern müssen. Mein persönliches Problem, das stellte ich dummerweise erst am Vortag fest, lag ganz woanders: Wie räumt man einen kleinen, aber bis zum letzten Zentimeter vollgestellten Garten in voller Juli-Blüte so um, daß sich dort nicht nur ungehindert arbeiten läßt, sondern auch weder Mensch noch Pflanze größere Schäden davontragen? Allein auf dem Treppenabsatz standen drei Kästen mit rankender Kapuzinerkresse, diverse Geranien, Malven und Buchsbäume, unten vor der Hauswand drei Stachelbeerhochstämme, von den Johannisbeeren und weiteren Buchsbäumen nicht zu reden. Alle in Kübeln, versteht sich. Mitten auf der Einfahrt residierte »Triffid«, der Kürbis, schon gut so hoch wie ich, noch provisorisch an einem Haselstock aufgebunden, unverrückbar in seinem Faß und morgen unausweichlich im Weg. Direkt unterhalb der Stelle, wo die Pergola ansetzen sollte, stand ein noch volles Wasserfaß, alle Wege waren eng gesäumt von Töpfen. Das Finale wartete schließlich vier Stufen hoch auf der hinteren Terrasse: schwere Gartenmöbel und mein Gemüsegarten, auch er in Kübeln. Sechs Tomaten, zwei Gurken, eine Riesenzucchini, von reichlich Lilien, Kapuzinerkresse, Kräutern, Lobelien und sonstigem Kleinkram in kleinen Töpfen begleitet. Die Einfahrt entfiel als Ausweichplatz. Der Rasen entfiel, darüber stand der Kirschbaum. Die Westseite entfiel, da standen die Heckenrosen, die ihre Angelhaken begeistert in alles und jeden geschlagen hätten. Platz am Schuppen entfiel, da mußte der Häcksler stehen. Das hieß: Ich mußte den halben Garten in die dichtbewachsene andere Hälfte quetschen.

Leicht konfus von der Größe dieser logistischen Herausforderung wuchtete ich zunächst das erste, was gerade im Weg stand, ein Stachelbeerbäumchen, mühsam durch Berberitzen und Flieder an die Rückwand von Nachbars Garage. Nur um hinterher festzustellen, daß ich diesen Platz dringend für das Wasserfaß benötigte. Das an die Garage, die Stachelbeeren davor, dann ein paar Buchsbäume. Lilien, Tomaten und Kleinzeug in den Schuppen. Den Kürbis einpacken? Wohin mit all der Kapuzinerkresse? Wie die Zucchini bewegen?

Letzteres erwies sich als fast unmöglich. Ich mußte mich damit begnügen, den steinschweren Topf mit vollem Körpereinsatz etwas aus dem Weg zu zerren, zu schubsen und zu kicken und ansonsten das Beste zu hoffen. Als ich danach »Triffid« einwickeln wollte, flappte er irritiert mit den Riesenblättern wie ein gereizter Elefantenbulle mit den Ohren, und da Kürbisblätter sehr brüchig sind, gab ich auf und schützte nur die Basis mit reichlich Haselstöcken. Er mußte eben sehen, wie er zurechtkam. Mußte ich schließlich auch. Dann begann ich, Kästen und Töpfe in den Schuppen zu schaffen. Die Gurkenranken ließen sich über die Schulter hängen, die Tomaten waren weniger kooperativ: zu kopflastig für die Schub- und zu empfindlich für die Sackkarre. Also durfte ich die gefährlich schwankende Last einzeln über die Treppen bugsieren. Ähnlich die Kapuzinerkresse, aber die mußte auch noch hochgehalten werden, sonst brachen die spröden Ranken. An diesem Punkt wurde mir klar, daß natürlich die Gartenmöbel zuerst hätten verstaut werden müssen, um die Kapuzinerkresse daraufzustellen. Leider standen sie immer noch draußen, also Töpfe wieder raus, Möbel rein, Töpfe drauf. Mit zunehmender Erschöpfung wurde ich auch noch von immer blutrünstigeren Visionen amokfliegender Wespenschwärme gepeinigt, zumal mich deren Kundschafter wachsam umkreisten, sobald ich in die Nähe kam.

Am schlimmsten waren die Stachelbeeren. Wer je versucht hat, drei ausladende Exemplare, die sich vehement gegen jede Ortsveränderung sträuben und dabei die Angriffslust einer Heckenrose mit der Bewaffnung einer Berberitze kombinieren, auf einer kleinen Sackkarre zu transportieren, der weiß, wovon ich rede. Was es bedeutet, diese militanten Gewächse auch noch durch ganz ähnlich veranlagte Berberitzen rangieren zu müssen, darüber schweige ich mich hier besser aus. Selbst Kümmel, die die ganze Aktion zunächst mit begeisterter Neugier begleitet hatte, zog sich angesichts meiner lautstarken und zunehmend hysterischen Kommentare schleunigst ins sichere Haus zurück.

Dazu kam der Heuschnupfen von den Lilienpollen. Mit Armen voller Blumentöpfe fällt das Naseputzen schwer, ganz abgesehen davon, daß man mit vor Erde stehenden dicken Lederhandschuhen kaum Taschentücher halten kann. Als ich spätabends todmüde am Spiegel vorbeiwankte, verstand ich, weshalb einige Passanten derart gebannt über den Zaun gestarrt hatten. Ich sah aus wie eine lebende Illustration zu »Spiel nicht mit den Schmuddelkindern«: die Haare von den Stachelbeeren gekämmt, eine Rotznase, die jedem Gör aus einer Zille-Zeichnung zur Ehre gereicht hätte, das Gesicht apart braungrün gestreift, das T-Shirt mit zerquetschten Johannisbeeren aller Farben akzentuiert und zerrissen, die Arme voller Dreck und blutiger Kratzer, die Hose (die mit dem großen Loch überm Knie) triefend naß (das Wasserfaß!). Mir war's sowas von egal. Als ich kopfüber ins Bett fiel, galt mein letzter, panischer Gedanke vor dem Einschlafen den Wespen ...

Es klappte dann alles bestens. Die Wespen bewahrten während des Baumschnitts verblüffenderweise die Contenance und griffen erst an, als wir hinterher noch einen lockeren Zaunpfosten einschlagen wollten. Es gab keine Verletzten. Der Kirschbaum sieht jetzt gut aus wie nie, und allein »Triffids« Ranken über die neue Pergola laufen und später die Kürbisse fröhlich von oben herabhängen zu sehen, lohnte alle Schinderei. Wie das Zurückräumen war? Das habe ich verdrängt, vorsichtshalber. Hier stehen nämlich schon wieder reichlich Kübelpflanzen, und die nächste Pergola ist auch schon bestellt...

Einfach berauschend: Königslilien

Gärtner rechnen anders. Für uns beginnt und endet ein Jahreszyklus nicht mit dem Kalender, mitten im kahlen Winter, sondern viel eher mit dem Auftritt unserer speziellen Lieblinge. Vor diesem Höhepunkt, der zugleich Zeitenwende ist, steht die steigende Erwartung, danach der Neubeginn, die Vorbereitung auf die nächste Saison. Mein Garten ist vor allem für den Frühsommer gepflanzt, und so teilt sich für mich das Jahr in die Zeit vor, mit und nach den Rosen. Und, natürlich, den Königslilien!

Ach, die Königslilien! Beschreibungen können *Lilium regale* niemals gerecht werden, den seidig-kühlen mattweißen Trompetenblüten mit dem zitronengelben Schlund und den goldenen Staubgefäßen, dem Meer von Licht und Duft in der Dämmerung, der ein wenig artifiziell und arrogant anmutenden Noblesse und besonders diesem dekadenten Charme, der polarisiert wie bei kaum einer anderen Pflanze. Bei Lilien gibt es kein laues Mittelmaß: Entweder man wendet sich mit Grausen – oder man verfällt ihnen für immer.

Der britische Schriftsteller Beverley Nichols gehörte zu den Glücklichen, denen sie im Wortsinne teuer waren. Er erwarb, bis zur seligen Unzurechnungsfähigkeit verzaubert vom Anblick einer schimmernden Doppelreihe Königslilien, spontan ein baufälliges georgianisches Landhaus: »Die Lilien waren von der unter dem Namen *Lilium regale* bekannten Art, sie standen in Reihen von leuchtendem Weiß. Ihre Schönheit war einfach berauschend, die vielen weißen Blüten waren wie Schnee, wenn die Sonne darauf liegt. Auch rührte die glänzende, schimmernde Schönheit nicht nur von der Menge her, denn als ich näher herantrat sah ich, daß jede einzelne Blüte ein vollkommenes Exemplar war und daß die Stengel mitunter über einen Meter hoch waren und die stolze Last von nicht weniger als einem Dutzend Blüten trugen. Und in dem Augenblick, da ich sie gesehen hatte, unterschrieb ich in Gedanken den Kaufvertrag für das Haus. Die Größe, die Reparaturkosten, von den Unterhaltskosten ganz zu schweigen – all diese lästigen Einzelheiten schienen bedeutungslos. Ich mußte diese Lilien besitzen.«

Ihren Entdecker Ernest Henry Wilson hätte *Lilium regale* sogar fast noch mehr gekostet: das Leben. Aber selbst das schreckte ihn nicht ab. Der Brite, erfolgreichster der vielen Pflanzenjäger der Kolonialzeit, stieß im Sommer 1910 in einer unzugänglichen Bergschlucht in Westchina auf ihren Wildstandort: »Am Wegrand, in Felsspalten an Wildbachufern und hoch oben auf den Bergen und in den Abgründen grüßt diese in voller Blüte stehende Lilie den ermatteten Wandersmann. Nicht in Zweier- und Dreiergruppen, sondern zu Hunderten, zu Tausenden, ja wirklich Zehntausenden. Ihre schlanken Stengel ragen über das grobe Gras und Gesträuch hinaus. Die Luft in der Kühle des Morgens und Abends ist mit dem köstlichen Duft von jeder Blüte geschwängert. Für kurze Zeit verwandelt diese Lilie die einsame Halbwüste in ein wahres Märchenland.«

Doch wie das im Märchen so ist: Der fremde Eindringling mußte den Blick auf die verborgene, die absolute

Schönheit teuer bezahlen. Wilson wurde durch Steinschlag schwer verletzt. Mit zerschmettertem Bein buchstäblich am Abgrund liegend, zeigte er, daß er ein Mann war, der seine Prioritäten wohl zu setzten verstand: Er ließ zunächst alle bepackten Maultiere über sich hinwegsteigen, um nur ja die botanischen Sammlungen in Sicherheit zu bringen. Dann erst wurde er selbst geborgen, sein Bein später nur knapp gerettet. Doch der Fund war's wert, in jeder Beziehung: Im Herbst kehrte seine Expedition zurück und grub 6000 Zwiebeln zum Export aus. Wie das Märchenland danach aussah, ist leider nicht überliefert. Wohl aber, daß *Lilium regale* fortan eine angemessen königliche Gartenkarriere zuteil wurde.

Kein Wunder, gehört doch die große Weiße zu den Pflanzen, die alle nur erdenklichen Vorteile auf sich vereinigen. Bei allem Adel ist sie von einer Robustheit, die in ihren Kreisen ihresgleichen sucht. Die gleichermaßen pferde- wie pflanzenverrücken Briten bescheinigen ihr »die Konstitution eines Brauereigauls, gepaart mit der Grazie eines Vollbluts.« Wenn der Service stimmt, gedeiht *Lilium regale* selbst da, wo etwa die zarte und launische Madonnenlilie den prompten und finalen Rückzug antreten würde. Perfekt wären volle Sonne für die Blüten und Schatten für die Zwiebel, doch die Königslilie toleriert ein relativ hohes Maß an Schatten und an Konkurrenz, solange sie nur sonst gut versorgt und der Wurzeldruck der Nachbarn in Grenzen gehalten wird. Was ihr, neben dem Lilienhähnchen, gefährlich wird, ist tagelanger Dauerregen. Normale Niederschlagsmengen perlen von der Wachsschicht ihrer Blütenblätter ab, doch bei zuviel muß sie kapitulieren. Es gibt kaum ein traurigeres Symbol für einen mißlungenen Gartensommer als ihre braun dahinsinkenden, von Ohrenkneifern zerfressenen Trompeten. Ansonsten erträgt die Königslilie, wie alle ihrer Art, keine menschliche Respektlosigkeit. Wer seine Lilien achtlos zwischen die Begonien quetscht, wer ihrer Grazie nicht mehr Zuwendung zuteil werden läßt als beliebiger Massenware, der wird mit ihnen nie glücklich werden. Diese lebenden Kunstwerke, in deren Vollendung frühere Kulturen das Göttliche gespiegelt sahen, wollen angemessen gewürdigt sein. Selbst in der größten Gruppe ihresgleichen bleiben sie immer solitär und souverän, jede einzelne eine Studie in fast einschüchternder Perfektion und Makellosigkeit. Doch bei aller Distanz scheinen sie die Gesellschaft zu brauchen, damit die Blüten einander reflektieren und sich gegenseitig mit immer mehr Licht und Parfum entzünden können.

Ausgerechnet weiße Lilien, in der Antike passend der Liebesgöttin geweiht, sind das traditionelle christliche Unschulds- Reinheits- und Keuschheitssymbol. Ein fundamentaler Irrtum, der immerhin eines beweist: daß die alten Kirchenväter offenbar noch vor den Hühnern ins Bett gingen und dort in frommer Einfalt einige der grundsätzlichen Tatsachen des Lebens verschliefen. Weiße Lilien, sei es die eigentlich gemeinte und oft auf mittelalterlichen Marienbildern verewigte Madonnenlilie, *Lilium candidum*, sei es erst recht die Königslilie, sind in Wirklichkeit geradezu sündig betörend: Sie sind das botanische Sexsymbol par excellence. Abweisende, marmorglatte Kühle ist nur ihre Tagseite, demonstrativ ins Licht getragene Unschuld Heuchelei. Mit der Dämmerung lassen die spröden Aristokratinnen alle Reserven fallen. Sie duften dann plötzlich so schwül, so schwer und so unmißverständlich sinnlich, daß die solcherart umworbenen Insekten das eindeutige Angebot noch aus weiter Ferne wahrnehmen. Für Menschennasen kann ein derart üppiges Odeur beinahe zuviel werden. Aber: Es ist ja nur einmal im Jahr Königslilienzeit, und immer viel zu kurz, um ihrer überwältigenden erotischen Ausstrahlung ernsthaft überdrüssig zu werden!

Fernab vom Stau

Ich liebe Sommerferien-Staus auf der Autobahn, je länger, desto besser. Vor allem deshalb, weil ich selbst nicht drinstecke. Wie viele begeisterte Gärtner ziehe ich es vor, die Hauptreisezeit geruhsam im eigenen Revier zu verbringen. Und kaum etwas trägt da so sehr zu meiner Entspannung bei, wie an warmen Abenden mit der Gießkanne ums Haus zu schlendern und durch die offene Terrassentür dem Verkehrsfunk zu lauschen. Botschaften wie »20 Kilometer Stau in Richtung ...« oder »Ortskundige werden gebeten, auf Nebenstrecken auszuweichen ...« können das hochsommerliche Lebensgefühl wirklich ganz ungemein steigern. Allzu oft habe ich mich von mobileren Bekannten uncoolen Spießertums bezichtigen lassen müssen, weil ich den Sommer daheim nicht um buchstäblich jeden Preis vermeide, sondern so sehr genieße. Vor allem dann, wenn es so richtig heiß ist und ich den Garten so richtig schön gießen kann.

Natürlich nicht nebenbei, hastig im Akkord, natürlich nicht nur, weil es nun einmal sein muß. Wie alle echten Vergnügen will auch abendliches Blumengießen ausgiebig zelebriert werden, insbesondere deshalb, weil ich eigentlich viel zu selten dazu komme. In einigen der letzten norddeutschen »Sommer« begann der Tag vorwiegend mit einem panischen Blick aufs Thermometer (sieben Grad Celsius in den Hundstagen) und endete mit dem flächendeckenden Streuen von Schneckenkorn oder dem Notschlachten krankgeregneter Tomaten. Dann, endlich, war es wieder mal heiß, und endlich durfte gegossen werden.

Richtig, versteht sich, denn dafür gibt es diverse Tips, die sowohl den Pflanzen als auch der Wasserrechnung zugute kommen. Am wichtigsten und jedem Gärtner wohlbekannt: Nicht oft und wenig, sondern seltener, aber dann wirklich durchdringend gießen, möglichst so lange, bis der Boden etwa 25 cm tief feucht ist. Häufiges unzureichendes Bewässern läßt viele Pflanzen ihre Wurzeln dicht an der Oberfläche ausbilden und macht sie damit noch trockenheitsempfindlicher. Besonders gilt das für Rasen, da Gräser ohnehin schon Flachwurzler sind. Werden sie im Sommer nicht militärisch kurzgeschoren, können sie Hitze und Trockenheit übrigens wesentlich besser standhalten. Das hat noch den erfreulichen Nebeneffekt, daß reifende Grasrispen vielen Vögeln Futter bieten, wenn alles rundum verdorrt. Auf Beeten und vor allem unter Sträuchern und Bäumen hält eine dicke Abdeckung, etwa mit Rindenmulch, Kompost oder Grasschnitt, die Feuchtigkeit länger im Boden. Die allerdings wage ich wirklich nur bei großer Dürre auszulegen, ansonsten ist hier die Gefahr zu groß, ungewollt ein Schnecken-Hilton einzurichten. Daß nämlich die lästigen Mollusken Hitze und Trockenheit ohne feuchtkühlen Unterschlupf überhaupt nicht vertragen, ist für geplagte Gärtner noch eine geradezu unschätzbare zusätzliche Sommerfreude!

Da ich mehr aus Vergnügen denn aus Pflicht gieße, ziehe ich die Kanne dem Gartenschlauch bei weitem vor. Am Anfang habe ich noch eine edle, aber fürchterlich schwere Metallgießkanne benutzt. Einmal, ich gestehe es, konnte ich dabei sogar der Versuchung nicht widerstehen, mich zur Gießrunde à la Hochglanz-Lifestylemagazin in ein luftiges Gewand im Blumendesign zu hüllen. Zunächst war ich schwer beeindruckt: Plötzlich sah ich aus wie einer dieser glamourösen Fotoreportagen entsprungen, die grundsätzlich Titel wie »Sommerlust« oder »Gartenerlebnis mit allen Sinnen« tragen. Jedoch: Nach dem ersten engeren Kontakt mit den Heckenrosen hatten sich Kleid und Stil gleichermaßen gründlich erledigt. Das mit den Sinnen stimmte unbestreitbar, lief aber irgendwie nicht wie erwartet: Gekrümmte Dornen in nackter Haut tun ganz gemein weh, und das Kleid hatte einen aparten Schlitz, wo eigentlich gar keiner vorgesehen war. Inzwischen trage ich, mit leisem Bedauern, wieder praktischere Garderobe und benutze pragmatisch zwei häßliche, aber leichte Zehnliter-Kannen aus Plastik. Die überfordern selbst meine nicht rekordverdächtigen Körperkräfte nicht, und das Wasser läßt sich am besten dosieren. Das ist wichtig, denn die meisten Pflanzen verabscheuen es, auf die Blätter gegossen zu werden, ganz besonders bei Hitze: Bei Sonneneinstrahlung gibt das Temperaturschocks oder Verbrennungen, abends Pilzkrankheiten. »Der Boden feucht, die Pflanzen trocken«, lautet die eiserne Gärtnerregel, und das ist gar nicht so einfach, wie es klingt: Ein zu harter Wasserstrahl, etwa aus dem Schlauch, verdichtet die Erde, duscht und verdreckt die Pflanzen von unten, läuft schnell ab und bewässert so die Wege weitaus gründlicher als die Beete.

Benutzt man den Gartenschlauch dagegen vorsichtig, muß man ewig und oft noch gebückt am selben Platz verharren, bis der Boden wirklich feucht ist. Schlauch anlegen und leicht tröpfelnd über längere Zeit liegenlassen ist zwar die Methode der Wahl für große Kletterpflanzen, Bäume und Sträucher, kann aber, wenn man ihn, so wie ich, chronisch vergißt, die Wasserrechnung ins Astronomische treiben. Außerdem, ich mag da pingelig sein, verabscheue ich den Anblick leuchtender Kunststoffschläuche allüberall im kleinen Garten, deren Farbe sich möglichst noch kräftig mit der des Schlauchwagens beißt. Den Schlauch ständig wieder einzusammeln und außer Sicht zu verstauen ist ebenfalls nicht ohne Tücken: Daß die schwere nasse Schlange alle zarten Gewächse in ihrem Weg gnadenlos abrasiert, läßt sich zwar mit ein paar geschickt plazierten dicken Steinen einigermaßen verhindern, daß ich nach dem Einrollen ziemlich angeschmuddelt aussehe, offenbar nicht.

Ich bleibe daher der guten alten Gießkanne treu. Ich liebe es einfach. Ich mag diese gedämpfte Stunde nach der Dramatik der Tageshitze, das beruhigende Plätschern, mit dem sich die Kannen füllen, und sogar das Gewicht, mit dem das kostbare Wasser an meinen Schultern zerrt – zumindest bei den ersten 200 Litern. Ich stehe gern sehr lange bei einer Pflanze, ohne daß sich der blockierte Schlauch in meinem Rücken unheildrohend windet und aufbläht wie eine gereizte Riesenschlange, binde hier eine Ranke Kapuzinerkresse hoch oder freue mich dort auf die nächste glänzenden Zucchini zum Mittagessen. (Allerdings – wann habe ich eigentlich das letzte Mal *keine* selbstgeernteten Zucchini zu Mittag gegessen …?) Als krönenden Abschluß der großen Abendrunde sehe ich dann den Nachtkerzen zu, die im Zeitraffer ihre zitronengelben Blüten entfalten, während ich nebenan ausgiebig die Clematis gieße. Wie schade wäre es, sich mit automatischen Bewässerungssystemen dieser raren, vollkommenen Stunden zu berauben! Dieser ganz seltenen Gelegenheiten, bei denen mir mein Garten tatsächlich so romantisch erscheint, wie ich ihn mir immer erträumt habe, dieser Stimmung, die beim Schnecken-Zerschneiden in Regensommern eher selten aufkommt. Noch bin ich nicht ganz soweit, mich in derart perfekten Momenten mit meinen Pflanzen zu unterhalten, aber wenn die Nachtkerzen sich knittrig-zart und duftend in der Dämmerung öffnen, könnte ich mir einen verrückten Augenblick lang plötzlich vorstellen, daß so etwas tatsächlich möglich wäre...

Stichtage, oder: Vom Wesen der Wespen

Kein Zweifel: Die Wespe meinte es ernst. Die Attacke kam entschlossen, pfeilschnell und mit jenem nervtötend hellen Sirren, das Fachleute so unangenehm anschaulich als »Stechton« bezeichnen. Ich trat in würdeloser Hast den Rückzug an. Schon wieder! Mein Schuppen samt Umgebung, genau gesagt: mein ganzer kleiner Garten, geriet zunehmend unter die Kontrolle enthemmter Hautflügler. Eine unangenehme und unerwartete Premiere: Bis dahin hatte ich mit jedem Wespenvolk in friedlicher Koexistenz gelebt, und das gern. Wespen sind ideale Schädlingsbekämpfer. Sie ziehen ihre Brut mit Proteinen auf und vertilgen dabei mehr lästige Insekten als ein Meisenpaar. Im August jedoch sind alle Arbeiterinnen geschlüpft und im Einsatz, die Völker, die jetzt Königinnen und Männchen fürs nächste Jahr füttern, so kopfstark wie nie. Die ständig schuftenden geflügelten Proletariermassen brauchen nun reichlich Treibstoff, Kohlehydrate und Zucker. Statt zum Pflanzensaft tendiert die moderne Urbanwespe da eher zum klebrigen Softdrink. Unübersehbar: Sie wird jetzt in Schwärmen sozial auffällig, sind doch ihre Outdoor-Aktivitäten zur selben Zeit auf dem Höhepunkt angelangt wie die ihrer futterneidischen und reizbaren menschlichen Versorger. Den Gipfel erreichen die wechselseitigen Feindseligkeiten gewöhnlich in der Pflaumenkuchensaison.

Die gefährlichsten Konflikte ereignen sich in Nestnähe, obwohl sie da oft vermeidbar wären. Der Knigge ist simpel: keine Erschütterungen, kein Versperren der Einflugschneise – und bloß keine langen Aufenthalte unmittelbar vor dem Nest! Wespen registrieren Atemluft und nehmen Kohlendioxyd und Wärme als Signal für den unmittelbar bevorstehenden GAU: Großer Freßfeind dicht am Nachwuchs! Entsprechend reagieren sie, und das kann böse enden.

Die klassischen Kampfhandlungen im Straßencafé jedoch entstehen eher aus einer Kette von Irrtümern. Die einfache Arbeitswespe ist nur zu oft ein tragisch mißverstandenes Individuum, und das Szenario bekannt: Wespe umkreist aufgeregt Mensch und/oder Futterquelle, Mensch fühlt sich sofort von geflügelter Bestie bedroht. Zu Unrecht: Das so typische Schwirren bedeutet *keine* böse Absicht, sondern ist der Versuch der schlecht sehenden Tiere, ihre Optik auf das unbekannte Objekt scharf zu stellen. Angriffsflüge sehen unverkennbar anders aus, gerade und zielstrebig. Reagiert der Mensch aber schon auf Erkundungsverhalten mit zornigem Erstschlag, fühlt sich das Tier seinerseits jäh überfallen, und das Unheil nimmt seinen Lauf: Die Wespe scheidet Alarm-Pheromone aus, Botenstoffe, die sofort verteidigungsbereite Artgenossen zu Hilfe rufen. Folgt der Showdown, schmerzlich für die einen und tödlich für die anderen. Da hilft nur Coolness: Wer die Contenance bewahrt, wird normalerweise nur belästigt, nicht gestochen. Doch schon das ist wahrlich entnervend genug, und zur Deeskalation auf Nahrungsaufnahme im Freien zu verzichten, nützt da leider auch nicht immer. Wespen fliegen auch auf bunte Muster und süße Parfums. Einige Körperpflegemittel enthalten sogar Chemikalien, deren Geruch dem der olfaktorischen Angriffssignale ähnelt.

Fatal attraction: Wie den Menschen sonst der bloße Anblick des ahnungslosen Insekts, so versetzt in diesem Fall das Insekt schon der bloße Geruch des ahnungslosen Menschen in äußerst gereizte Grundstimmung.

Beteiligt an diesem alljährlichen Sommertheater sind nur drei der vielen heimischen Wespenarten. Die kleine, relativ friedliche Sächsische Wespe interessiert sich dabei ausschließlich für reifes Obst. Doch ausgerechnet sie wird am meisten verfolgt, weil doch der Anblick ihrer großen, freihängenden Nester regelmäßig Entsetzen auslöst. Doch es ist die größere, rabiate Verwandtschaft, Deutsche Wespe, *Paravespula germanica,* und Gemeine Wespe, *Paravespula vulgaris,* die in unzähligen Schlachten am kalten Buffet den Ruf der Gattung dauerhaft ruiniert hat. Ihre Arbeiterinnen, oft mehrere tausend pro Volk, finden Süßes unwiderstehlich und nutzen überdies jede Proteinquelle, um den zahlreichen Nachwuchs zu versorgen. Nichts, von der toten Maus übers Wurstbrot bis hin zur Grillparty entgeht ihrer steten Aufmerksamkeit. Damit nicht genug: Beide Arten reagieren schnell aggressiv, vor allem bei schwülem Wetter. Die Gemeine Wespe kann da ausgesprochen gemein werden, und meine Grundstücksbesetzer wurden es. Viel schlimmer noch: Sie erwiesen sich als völlig unberechenbar.

Ihr Nest war, ausgerechnet, in einem tief hängenden Nistkasten ungemütlich dicht neben der Schuppentür, den bis dahin der Zaunkönig favorisiert hatte. Mal ignorierten sie mich sogar in nächster Nähe tagelang, dann plötzlich griffen sie selbst in weiter Entfernung und ohne erkennbaren Anlaß wütend an. Das Betreten des Schuppens wurde mehr und mehr zu einer Mischung aus Russischem Roulette und Überlebenstraining. Wir schoben das ungewöhnlich reizbare Verhalten auf Streß. Die Wespen hatten nach dem kalten Frühsommer erst Mitte Juli mit dem Nestbau begonnen und so keinerlei Chance mehr, ihren Lebenszyklus zu vollenden. Doch auch dieses Wissen beruhigte nur sehr mäßig, erst recht, nachdem sie mich beim Jäten im entfernten Rosenbeet unvermittelt und derart wütend attackiert hatten, daß mich nur die dicke Wachsjacke vor Stichen schützte. Langsam bekam ich wirklich Angst, weniger um mich als um meinen kleinen Hund. Terrier »Kümmel« reagiert allergisch auf Insektenstiche, und der letzte, panische Nottierarzt-Besuch mit einem röchelnden, von Ödemen entstellten Hund war mir noch in traumatischer Erinnerung. Den Schuppen überwölbt zu allem Überfluß auch noch der Pflaumenbaum des Nachbarn, und wenn die reifen Früchte erst fallen würden, genau dorthin, wo »Kümmel« so gerne die Grenze abschnüffelt ... ein Horrorszenario.

Die Wespen oder wir – das war schließlich die Frage, denn Garten samt Schuppen komplett zu meiden, bis der erste Frost sie töten würde, war keine echte Option. Wir hätten ja immer noch die Haustür benutzen müssen, und sie hatten begonnen, auch daran gelegentlich Anstoß zu nehmen. Do-it-yourself-Experimente, um die kleinen Killer zu vergrämen, wagte ich nicht, ist doch der Darwin-Award für spektakuläre Selbstentleibung keine besonders erstrebenwerte Trophäe. Selbst der zugezogene Fachmann, der im Vorjahr meinen Kirschbaum direkt über einem Nistkasten mit lebhaftem Wespenvolk darin ohne Komplikationen geschnitten hatte, war nach dem Erstkontakt mit diesen ungewöhnlich militanten Viechern ziemlich blaß um die Nase. So warfen wir jeden Öko-Pazifismus rigoros über Bord und schritten – ausnahmsweise! – zur finalen chemischen Notwehr. Nun hoffe ich für die nächsten Jahre inständig auf das einzige, das mir je eine komplett wespenfreie Saison beschert hat: auf ein Hornissennest. *Vespa Crabro* nämlich ist ein ideales Gartentier, friedfertig, faszinierend und an Menschenfutter völlig desinteressiert. Statt dessen haben diese effizienten Jäger eine überaus erfreuliche Lieblingsbeute: Wespen.

Sommerschlußgefühle: August

August kann melancholischer sein als November. Jedenfalls im Garten. Schon fällt von der letzten Trompetenlilie, der wunderbar morbiden grauvioletten »Pink Perfection«, das letzte Blatt, schon blüht der Phlox, schon werden die Tage deutlich kürzer. Die Vögel, mitten in der Mauser, halten sich verborgen und dabei vorsichtshalber die Schnäbel. Nur die Mauersegler hoch oben, lauter pfeilschnelle, winzige Halbmonde, schreien weiter schrill – bis eines Morgens in der ersten Augustwoche das typische Sommergeräusch plötzlich fehlt. Sie sind fort, und die schönste Jahreszeit haben sie mitgenommen. Spätestens jetzt läßt sich die Erkenntnis nicht mehr verdrängen: Auch dieser Sommer wird enden. Der Garten verrät es sowieso. Vorbei die verschwenderische erste Blüte, stumpfgrün die leeren Rosensträucher. Statt dessen, vor dem großen Finale zum Herbst, eine Art botanischer Midlife-Crisis. Weniger das, was der August bringt, als das, was er unwiderruflich ankündigt, macht ihn so schwer erträglich. Es ist ein latentes Unbehagen, wie ein unwillkommenes, immer viel zu frühes Erwachen nach all dem fröhlichen Überschwang der letzten Wochen.

Vorteile hat diese Jahreszeit natürlich auch: samtweiche Nächte, Grillengezirpe am Abend statt Mauerseglerrufen tagsüber, beinahe mediterrane, entspannte Urlaubsstimmung statt all der Frühsommerarbeit. Wenn – ja, wenn das Wetter zum Kalender paßt. Was es diesen Sommer nicht tat, zumindest im Norden nicht. Statt Samtblau zeigte der Himmel ein ominöses Steingrau, die großen Blätter der Sonnenblumen flatterten in den Regenstürmen, die letzten Rosenblüten flogen waagerecht am Fenster vorbei. Islandpullover statt Spaghettiträgern, und statt in Muße den Nachtkerzen zuzusehen, heißt es mit dem scharfgeschliffenen Distelstecher auf Molluskenpirsch zu gehen. Anstelle der Grillen machen sich nämlich abends die Schnecken fleißig bemerkbar, und schlimmer noch: Sie erleben offenbar ein Comeback in neuem Gewand. Ganz wörtlich: Bei *Arion lusitanicus*, der Spanischen Wegschnecke, nach dem Wetter und vor dem Giersch Gärtner-Nemesis Nr. 2, konnte man bislang auf immerhin eine uneingeschränkt positive Eigenschaft zählen: Sie ist normalerweise leuchtend orange – und damit schnell zu orten und ebenso schnell ins ewige Salatbeet zu befördern. Die stattlichen Exemplare jedoch, die jetzt unter meinen Blumentöpfen auftauchen, sind plötzlich überwiegend düsterbraun gefärbt. Schöne Aussichten! Diese lautlosen, hocheffizienten Freßmaschinen nun auch noch im Tarnoutfit – das bedeutet eine ganz neue Qualität der Bedrohung im ständigen Wettrüsten zwischen Mensch und Molluske!

An dem Morgen, an dem die Mauersegler verschwunden waren, nahm der Frust dann überhand. Nachdem ich reichlich schwarzgetupfte, sternrußtaubefallene Rosenblätter abgepflückt hatte, waren meine Hände eisig klamm. Neun Grad Celsius, akzentuiert mit dem, was der Wetterbericht apart als »Starkregen« bezeichnet. Und das in den Hundstagen. Zum Frustabbau ist bekanntlich Shopping ein probates Mittel, und Gärtner pflegen dazu gern das nächste Gartencenter anzusteuern.

Ein potentiell gefährlicher Ort, den Grünabhängige besser nicht in Begleitung Gleichgesinnter betreten, da dann erfahrungsgemäß sämtliche Hemmschwellen rasant dahinwelken. Ich suchte diese Stätte der Versuchung selbstverständlich einzig und allein deshalb auf, um Knochenmehl zu kaufen. Die Zwiebel-Pflanzzeit naht, und fast alle Blumenzwiebeln danken eine kleine Extra-Dosis des phosphorhaltigen, langsamwirkenden Düngers im Pflanzloch später mit prächtiger Blüte. Bloß: Es gab keins mehr. Knochenmehl wäre nicht mehr im Handel, erklärte mir der Verkäufer, »... wegen BSE.« Verstehe das, wer will: Ein Blick auf die Düngersäcke rundum verriet, daß Knochenmehl nach wie vor in organischen Volldüngern enthalten ist. Separat aber mutieren diese Reste von Tieren, die immerhin für den menschlichen Verzehr geschlachtet wurden, plötzlich zum untragbaren Risiko? Knochen von Rindern, die ich jederzeit hätte roh essen können, sind selbst hochdrucksterilisiert für meine Narzissen zu gefährlich?

Nicht immer ist Logik tröstlich, und das Pflanzenangebot war es diesmal auch weit weniger als sonst. Ein großer Tisch mit strahlend goldgelben Rudbeckien bot, wortwörtlich, einen Lichtblick, ansonsten herrschte auch hier das Sommerloch, die Zeit nach den Balkonblumen und vor der herbstlichen Pflanzzeit. Die Müdigkeit, der Hauch von Tristesse, dem ich im eigenen Garten hatte entfliehen wollen, hing überall, und schlimmer noch: Überall standen schon Legionen von Winterastern, bei denen ich unabweisbar an Oktoberkälte und herbstliche Grabgestecke denken muß. Ein derartig aufdringliches Memento mori wird mir, Kälte hin oder her, in den Sommerferien ganz sicher noch nicht aufs Grundstück kommen!

Dafür aber um so lieber eine purpurrote Herbstanemone und ein blaßvioletter Rittersporn. Und auf dem Rückweg durch windgepeitschte Regenböen führte mir ein endloser Stau auf der Autobahn in Richtung Küste endlich den Vorteil auch noch des tristesten Gartentages vor Augen: Wenigstens an die Nordsee mußte ich jetzt nicht! So konnte ich daheim am kräftig geheizten Ofen die Blumenzwiebel-Kataloge schon wieder so richtig genießen. Und, übrigens, sobald der Schock übers akut drohende Sommerende verdaut ist, ist der August meist ein ganz wunderschöner Monat: Blüten in allen Sonnenfarben, Ernte und bunte Schmetterlinge. Wenn bloß das Wetter endlich mitspielen würde!

Die Freuden der Faulheit: Tigerlilien

Es ist jedes Jahr dasselbe: So etwa um Ende August, Anfang September habe ich regelmäßig überhaupt keine Lust mehr zur Gartenarbeit. Jedenfalls zu keiner, die wesentlich darüber hinausgeht, die Kapuzinerkresse hochzubinden, den Kürbis zu gießen und die Tigerlilien zu bewundern. Ansonsten sitze ich lieber in der Sonne, die um diese Zeit selbst in unseren Breiten erfreulich häufig scheint, folge mit müßigem Blick den gewaltigen Fontänen aus Kompost und geschockten Regenwürmern, die Terrier »Kümmel« beim Buddeln gegen den pflaumenblauen Himmel schleudert und grüble träge über die schwerwiegende Frage nach, wie hoch so eine Kompostkiste eigentlich sein muß, um ein 27-cm-Hündchen draußen zu halten, wenn 1,30 m schon nicht gereicht haben. Sicher, irgendwann werde ich den ganzen Kram wieder einsammeln müssen, schon der armen Regenwürmer halber, aber bloß nicht jetzt. Und zum Teufel mit dem Rasenmäher – da bewundere ich lieber weiter die Tigerlilien. So lange, bis ich das sozusagen vegetative Stadium erreicht habe, das dem wunschlos glücklichen Garten-Nirwana erstrebenswert nahe kommt.

Noch viel mehr Spaß macht mir diese unüberwindliche saisonale Faulheit, seit ich sie auch noch mit unangreifbarem literarischem Überbau versehen weiß. In-der-Sonne-Dösen ist für Gärtner im Moment sozusagen artgerecht und damit natürlich vorgegeben, sind wir doch schon ganz dicht an jener Jahreszeit, die Kurt Tucholsky als die »fünfte« beschrieb, »wenn der späte

Nachsommer im Verklingen ist und der frühe Herbst noch nicht angefangen hat«: »Nun ist alles vorüber: geboren ist, gereift ist, gewachsen ist, gelaicht ist, geerntet ist – nun ist es vorüber. Nun sind da noch die Blätter und die Gräser und die Sträucher, aber im Augenblick dient das zu gar nichts; wenn überhaupt in der Natur ein Zweck verborgen ist: im Augenblick steht das Räderwerk still. Es ruht.«

Gärtner würden hinzufügen: Es ist die kurze Pause nach dem Wasserschleppen und vor den Blumenzwiebeln. Das Gartenjahr ist zwar noch nicht vorüber, aber es ist gelaufen. Ändern läßt sich nichts mehr, für Aktionismus besteht also keinerlei Anlaß, fürs Ruhen dafür um so mehr. Und, überdies und ohnehin: Tigerlilien sind jederzeit eine Sünde wert, und ihren erhabenen Auftritt angemessen zu würdigen, geht allemal allem vor. *Lilium lancifolium*, früher *Lilium tigrinum* geheißen, gebührt Referenz: Sie ist eine der ältesten und traditionsreichsten Gartenpflanzen überhaupt, seit Jahrtausenden in Kultur. Die spektakuläre feuerfarbene, dunkel getupfte Lilie stammt aus Ostasien und ist so alt, daß ihre genaue Herkunft und ihre Vorfahren unbekannt sind. Wild kommt sie nicht vor, und daß sie eine, vermutlich von Menschen gezogene, Hybride ist, ist unübersehbar: *Lilium lancifolium* ist steril, sie bildet keine Samen und vermehrt sich statt dessen über Brutzwiebeln aus den Blattachseln. Das reich blühende Prachtstück hat über Äonen in menschlicher Gesellschaft stets ein ambivalentes Leben geführt: Es wurde einerseits als Symbolpflanze vieler Gottheiten kultisch verehrt, andererseits, von der Zwiebel bis zur Knospe, ganz prosaisch aufgegessen.

Seine lilientypisch hinreißende Mischung aus Noblesse und Temperament läßt sich nicht beschreiben. Man muß die Tigerlilie einfach erlebt haben, gesehen, wie sich ihre großen, hängenden Knospen zunächst zu kleinen Pagodendächern öffnen, deren sechs Blätter sich dann, beinahe zum Zusehen schnell, einzeln zur eleganten, turbanähnlichen Blüte zurückrollen. Deren intensivem, schwarzgetupften Orange, das an ein glänzendes Tigerfell erinnern soll, verdankt sie den Namen. Es wirkt selbst bei Dauerregen wie ein Reflex der strahlenden Spätsommersonne, die ihr Element ist. Ohne Tigerlilien wäre diese Jahreszeit, wäre der ganze Gartensommer unvollständig, doch glücklicherweise ist es sehr einfach, ihrer exquisiten Anwesenheit teilhaftig zu werden. *Lilium lancifolium*, auch das ein Grund für ihre Weltkarriere, ist eine der anspruchslosesten und härtesten aller Lilien. Sie verträgt so ziemlich alles, außer zuviel Nässe, zuviel Schatten und zu wenig Respekt. Wenn der Service stimmt, das heißt: wenn sie bis zur Blüte gut gedüngt wird, gedeiht sie problemlos auch im Topf auf dem Balkon. Vermehren läßt sie sich nahezu nach Belieben: Die kleinen dunkelbraunen Brutzwiebeln keimen wie Gras, und so ist es eigentlich das größte Problem, genug Platz für den ganzen Kindergarten zu finden. Ist er nach etwa drei Jahren herangewachsen, adeln die feurigen Blüten so ziemlich alles: Eine der bestechendsten Kombinationen, die mir je, ganz zufällig, gelang, waren Tigerlilien mit üppiger, smaragdgrüner Petersilie am Fuß, beides im einfachen Tontopf. Inzwischen gibt es Varianten in allen Farben von Weiß über Rosa, Lachsfarben und Gelb bis hin zu Dunkelrot. Auch die Blütezeit haben findige Züchter gestreckt: »Sweet Surrender« etwa, von bestechendem, bräunlich getupftem Cremegelb und fast noch ausdauernder als die Ursprungsart, blüht bedeutend früher. Bei mir lebt sie seit mehr als zehn Jahren im Topf, und glücklicherweise ist da kein Ende abzusehen: »Sweet Surrender« treibt zwar keine Stengelbulben in den Blattachseln, bildet aber unterirdisch alljährlich genug Brutzwiebeln, um eine mittlere Parkanlage zu versorgen. Doch keiner der vielen schönen Abkömmlinge kommt dem von innen glühenden Original an Leuchtkraft nahe. Das einzige Manko dieser königlichen Blüte hat auch sein Gutes: Sie duftet nicht, verführt also nicht dauernd dazu, auch noch die Nase mit den dunkelorangebraunen und ebenso farbechten wie intensiv haftenden Pollen in Kontakt zu bringen, die die Tigerlilie freigebig über jeden verteilt, der ihr zu nahe kommt. Minimaler Sicherheitsabstand ist immer ratsam, gepaart natürlich mit maximaler Aufmerksamkeit. Auch wenn *Lilium lancifolium*, der vielen Knospen wegen, dankenswerterweise relativ lange blüht, je nach Wetter von Ende Juli bis spätestens Anfang September, so sind die perfekten Momente in solch grandioser Gesellschaft dennoch kostbar. Sie ist so kurz, die fünfte Jahreszeit, und wenn die getupfte Lilie die Blütenblätter fallen läßt, dann kommt, bald und unabwendbar, schon wieder der Herbst, mit ihm die Blumenzwiebeln und der Regen – und aus ist es mit der paradiesischen Spätsommerfaulheit. Doch auch das hat wieder einen Vorteil: Es ist genau die passende Zeit, um noch viel mehr Tigerlilien zu pflanzen!

Penetrante Invasion: Stinkmorchel

Der Klempner kam im Morgengrauen, behängt mit merkwürdigen Gerätschaften und umweht von jener Aura unangreifbarer Kompetenz, mit der sich die wirklich dicken Rechnungen ankündigen. Am Vorabend hatte das Haus meines Vaters von unten herauf zunehmend faulig zu riechen begonnen. Inzwischen stank es derart bestialisch, daß der Fachmann unverzüglich auf ein geborstenes Abwasserrohr tippte. Finden allerdings konnte er weder das noch irgend etwas anderes. Als er schließlich geschlagen abzog, schien schon die Sonne. Sie strahlte auf des Rätsels Lösung, draußen, direkt vor dem offenen Kellerfenster: ein stolzes, hoch aufgerichtetes Exemplar von *Phallus impudicus*, der Stinkmorchel.

Es war die Vorhut einer Invasion, die den letzten, heißen Sommer für meinen geplagten Ahnherren ein Gartenerlebnis der ganz speziellen Art verwandelte. Selbst unter den Pilzen, diesen seltsamen, ein wenig sinistren Grenzgängern zwischen Tier- und Pflanzenwelt, ist die Stinkmorchel einer der seltsamsten: Ihr Fruchtkörper kommt als Hexen- oder Teufelsei ans Tageslicht, das, hühnereigroß, mattweiß und mit Gallertschicht und Kern, auf unheimliche Weise der Karikatur eines Tiereis ähnelt. Daraus wird der Pilz regelrecht geboren, ein wenig wie die Mini-Saurier im Film »Jurassic Parc«: Die ledrige Außenhaut reißt, und aus dem Spalt erhebt sich, im Zeitraffertempo von zwei Milimetern pro Minute, der stramme Stengel – ein Pilz, dem man beim Wachsen tatsächlich zusehen kann. Zunächst ist er geruchlos, doch wenn schließlich die olivgrüne Sporenmasse außen am Hut als dicker grüner Schleim herabtropft, setzt sie nacheinander gezielt verschiedene flüchtige Stoffe frei, die teilweise miteinander reagieren und mit dem charakteristischen durchdringenden Aasgeruch sporenverbreitende Insekten noch aus großer Entfernung anziehen. Höchste Zeit, den Fliegen zu folgen, um das Objekt ihrer Begierde schleunigst unschädlich zu machen, und dabei über die Frage aller Fragen zu grübeln: Warum? Wie kommt ausgerechnet dieser Zwanzig-Zentimeter-Widerling zu einem Technologie-Vorsprung, der erst mit den Analysemethoden des zwanzigsten Jahrhunderts einigermaßen enträtselt werden konnte?

Doch, zugegeben: Selbst die größten Wunder der Mykologie verlieren rapide an Faszination, und das Glück, mit der Natur zu leben, relativiert sich, wenn der Garten ständig aussieht wie ein Biologie gewordener Exhibitionistentraum, riecht wie eine nachlässig gereinigte Abdeckerei und bevorzugt als Massentreff für besonders unsympathische Vertreter der heimischen Insektenfauna dient. Woher die Pilze kamen, war leicht herauszufinden: Vor einigen Jahren hatte mein Vater zwar einen großen Mammutbaum fällen, nicht aber dessen ausgedehntes Wurzelwerk roden lassen. Das war jetzt in genau dem Verrottungszustand, den Stinkmorcheln schätzen, ein perfektes Hauptquartier für das ausgedehnte Myzel. Loszuwerden war das nicht mehr, ohne den halben Garten aufzureißen, also blieb nur ein unausgesetztes Spähen nach jenem ominösen mattweißen Schimmer, mit dem sich das nächste Hexenei ankündigte. Auch wenn der ergrimmte Gärtner darin schnell Experte wurde –

der tägliche Kampf Mensch gegen Morchel zeitigte nicht immer die erwünschten Ergebnisse. Daß nämlich Hexeneier so robust sind, daß sie sich auch außerhalb ihres Mediums ungestört und blitzschnell entwickeln, haben schon viele Ahnungslose schmerzlich erfahren müssen. Jener Biologiestudent etwa, der übers Wochenende einige davon ausgerechnet im Kühlschrank seiner neuen Freundin ruhigstellen wollte. Die arme Frau fiel, als sie später die Kühlschranktür öffnete, buchstäblich in Ohnmacht, das teure Elektrogerät war nicht mehr zu retten. Geheiratet hat sie ihn übrigens trotzdem.

Auch für meinen zunehmend entnervten Vater endete der Versuch, ein gutes Dutzend großer Hexeneier an einem sehr heißen Tag via Hausmüll zu entsorgen, als optisches und olifaktorisches Desaster: Wenige Stunden später sah das Innere der biederen norddeutschen Mülltonne, plötzlich voller phallischer Pilze, aus wie die Auslage eines gutsortierten Sex-Shops. Schlimmer noch: unübersehbare Massen weißer Maden strebten hinaus, unüberhörbare Schwärme grünschillernder Fliegen hinein. Das Odeur, das diesem surrealistischen Stilleben entstieg, wird sich ohnehin niemals adäquat schildern lassen …

Blieb noch die Möglichkeit, die unerwünschten Eindringlinge einfach aufzuessen. Hexeneier nämlich sind, im Gegensatz zum erwachsenen Pilz, eßbar. Ihr Kern wurde früher sowohl als Aprodisiakum wie auch als Rheumamittel benutzt und ersetzte gelegentlich die Trüffel in der Leberwurst. Als ausgefallenes Bratkartoffel-Aroma, so lernte ich mit unterdrücktem Schaudern, werden Hexeneier immer noch gegessen, und voll im Insider-Trend liegen sie als besonders ausgefallener Pizza-Belag. Eine stilechte Halloween-Party mit dämonischer Glibber-Grusel-Show in der Küche und Stinkmorchel-Pizza auf dem Teller bot sich da natürlich zum Saisonausklang geradezu an, aber irgendwie fehlte mir die letzte Motivation zum Testessen. So äußerte ich meine Bereitschaft zum Selbstversuch vorsichtshalber erst dann öffentlich, als ich mir sicher war, daß die Morcheln (die übrigens, botanisch genaugenommen, gar keine sind) ihr Erscheinen der Kälte wegen eingestellt hatten.

Dumm gelaufen: Sie hatten mitnichten. Diesmal klingelte es in der Abenddämmerung, und zwar bei mir. Mein Vater lächelte unheilverkündend, und unversehens wabbelte ein halbes Dutzend gartenfrischer Hexeneier in meiner Küche. Es gab kein Zurück. Also zog ich, zu allem entschlossen, die ledrigen Schalen ab – und verfluchte anschließend aus tiefstem Herzen jede Form von investigativem Journalismus. Wer je mit Händen, die sich anfühlen wie nach ausgiebigem Kontakt mit einer Nacktschnecke, hektisch etwas einzufangen versucht hat, das an winzige, rundum schlüpfrige und unangenehm mobile Gehirne erinnert, der wird verstehen, weshalb. Wahre Freaks übrigens braten den Glibber mit, doch soweit wollte ich denn doch nicht gehen. Eine gute halbe Rolle Küchenpapier später war auch die innere Haut abgezogen. Übrig blieben harte Knubbel, anzusehen wie ein mattgrauer Bastard zwischen Walnuß und Trüffel. Sie stanken nicht und waren roh vollständig geschmacksneutral. Gebraten hatten die festen schwarzen Scheiben nicht die kleinste Spur von Pilzaroma, dafür aber einen sehr deutlichen, zum Schluß leicht bitteren

Nußgeschmack. Ehrlich gesagt: Ich fand sie, verblüffenderweise, beinahe delikat – wenn da sicher auch viel Erleichterung mitschwang, daß sie tatsächlich in keiner Weise halten, was die Verpackung androht. Besonders angenehm war denn auch der saubere, erdnußartige Nachgeschmack, kombiniert mit dem Gefühl eines unerwarteten Happy-Ends. Dieses Happy-End allerdings erwies sich als vorläufig: Pünktlich im Mai war *Phallus impudicus* in Topform zurück, der folgende Sommer brachte eine Rekordernte von 70 Hexeneiern. Also doch, unabwendbar: Stinkmorchel-Pizza zu Halloween?

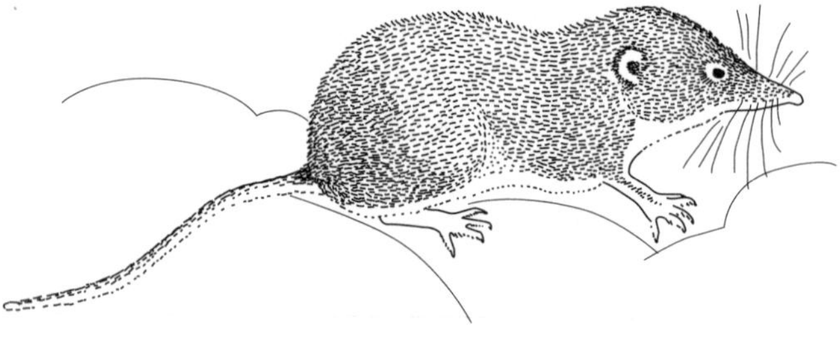

Mägen mit Zähnen: Spitzmäuse

Es war einer dieser trübseligen Oktoberabende, an denen der Winter schon so unentrinnbar nahe ist. Entsprechend trüb war meine Stimmung, als ich widerwillig leere Blumenkübel im Keller stapelte. Da flitzte plötzlich aus der einen Ecke ein winziger grauer Strich, aus der anderen schoß Terrier »Kümmel« heran. Prompt stoppte das Graue mitten auf freier Fläche und begann schrill zu piepsen. Bevor ich reagieren konnte, hatte Kümmel schon zugeschnappt und war treppauf entwischt. Ach, verdammt! Die Spitzmäuse waren zurück.

Früher, so grübelte ich zornig, während ich die mausetote Beute angewidert vom Wohnzimmerteppich klaubte und dabei das nadelscharfe helle Haigebiß en miniature bestaunte, das Kümmels Opfer als Angehörige der Weißzahnspitzmaus-Familie auswies, früher hätte ich noch nicht einmal gewußt, daß ich mal wieder eine Hausspitzmaus, *Crocidura russula,* vor mir hatte. Da hatte ich von ihresgleichen nicht mehr mitbekommen als die meisten Gärtner: ab und zu ein Huschen in der Dämmerung, ein durchdringendes Zwitschern, ein aufgebissenes Schneckenhaus. Inzwischen aber ist mein dicht zugewachsener, rundum mit Stein- und Zweighaufen ausgestatteter Garten ein wahres Spitzmaus-Eldorado, und dafür, daß ich nun, paradoxerweise, reichlich von ihnen zu sehen bekomme, sorgt sozusagen die Schlange im Paradies, sprich: mein kleiner Terrier. Mit mehr Erfolg, als mir lieb ist, denn leider haben Spitzmäuse eine auffallende Eigenschaft: Sie sind dumm. So sehr, daß man sich, wie die

Schwester einer Kollegin treffend zu bemerken pflegt, wirklich fragen muß, wie ausgerechnet etwas derart Dämliches die Evolution derart lange überlebt hat.

Das nämlich haben sie, so lange, wie kaum eine andere Tierart auf diesem Planeten. Spitzmäuse, keine Mäuse, sondern Insektenfresser, gehören nicht nur zu den kleinsten, sondern auch zu den ältesten Säugetieren überhaupt. Sie huschten schon um die Beine der Saurier. So ist es auch nicht verwunderlich, daß sie, zoologisch korrekt gesagt, weniger dumm als vielmehr an andere Lebensumstände angepaßt sind. Ihre Verteidigungsmechanismen sind archaisch: Sie verlassen sich völlig auf ihren durchdringenden, abstoßenden Moschusgeruch und -geschmack, ähnlich wie ihr enger Verwandter, der Igel, auf seine Stacheln. Spitzmäuse schreien bei Gefahr nicht nur durchdringend, sondern bleiben oft auch noch stehen und werfen sich mitunter sogar auf den Rücken. Sich so deutlich als ungenießbar zu erkennen zu geben, mag Freßfeinden den Appetit verderben, im Umgang mit Lustmördern wie einem Terrier ist diese Taktik letal: Dem geht es nur ums Jagdvergnügen. Stundenlang, ganz gebannt im Hier und Jetzt, kann Kümmel den Spuren der Zwergbeute nachspüren, den undurchdringlichen Steinhaufen belagern oder vorführen, was in angelsächsischen Terrier-Fachkreisen als »Dig to China« bekannt ist: Buddeln bis zur Erdachse, oder vielmehr: von oben durch die Kompostkiste. Wieder einräumen muß natürlich ich. So wird der Kompost gut gelüftet, und der hingebungsvoll arbeitende Hund ist stets faszinierend zu beobachten. Bloß: Ich hätte die Spitzmäuse lieber lebend. Doch einem Jagdterrier, der im Hauptberuf Mäuse und Ratten zur

Strecke bringt, diese Pelzträger völlig zu verbieten, grenzt ans Unmögliche. Zumindest haben die Gejagten faire Chancen: reichlich sichere Deckung überall, und bin ich schnell genug am Tatort, muß Kümmel die bedrängte Beute laufenlassen. Beete sind sowieso tabu. Letzteres, übersetzt mit Jack-Russel-Verstand, bedeutet allerdings: In den Rabatten jagt man besser nur heimlich! Wenn sie dann doch mal wieder eine erwischt hat, bleibt mir ein schwacher Trost: Spitzmäuse leben sowieso nicht lange, meist nur wenige Monate. Ihr Hochenergie-Stoffwechsel frißt sie buchstäblich auf. Außerdem sind sie auf große Verluste eingestellt und machen die durch noch größere Vermehrung wett: Sie bekommen bis zu 10 Junge pro Wurf. Gemessen an Kümmels zunehmender Obsession und den Mengen leerer Schneckenhäuser scheinen es hier tatsächlich eher mehr als weniger zu werden.

Etwas kompliziert wird das Zusammenleben mit ihnen so etwa im Oktober. Spitzmäuse nämlich halten keinen Winterschlaf. Sie kommen statt dessen, sobald es kühler wird, gern ins Haus, und sind dabei zu Auftritten fähig, deren dramatische Wirkung in keinem Verhältnis zu ihrer Körpergröße steht. Als ich etwa arglos ein Kellerfenster schließen wollte, huschte mir jäh etwas Winziges, Weiches schrill pfeifend über den Fuß. Bis sich mein Herzschlag halbwegs beruhigt hatte, war die Spitzmaus unter dem Heizkessel verschwunden. Was nun? Die Terrier-Lösung finde ich innerhäuslich weniger adäquat, und eine verhungerte Leiche unter dem vollen Vorratsregal hätte mir irgendwie den Appetit verdorben. Immerhin war das meine Chance, einmal die legendäre Gefräßigkeit der Miniräuber aus der Nähe zu beobachten. Die bissigen Einzelgänger sind Hochleistungs-Freßmaschinen, im Verhältnis zum Körpergewicht die gierigsten Raubtiere der Erde. Ihr Lebensmotto lautet: Friß oder stirb. Das nur wenige Gramm leichte Tier mit dem Turbo-Stoffwechsel muß täglich das Doppelte seines Körpergewichts an Beute verschlingen. Wählerisch kann es dabei nicht sein. Neben Insekten, Spinnen, Gliedertieren, Regenwürmern und Schnecken ist auch Aas begehrt, und im Notfall tut es auch ein Artgenosse. Hungrige Spitzmäuse sind Kannibalen. Ich legte nun Hundefutter aus und mich auf die Lauer. Oben kratzte Kümmel frustriert an der Tür, unten kämpfte ich bald gleichermaßen mit einem eingeschlafenen Fuß und dem Gefühl, jetzt endgültig übergeschnappt zu sein. Doch es lohnte sich: Es dauerte nicht allzulange, bis die Spitzmaus am Futter erschien, und seitdem weiß ich genau, weshalb Zoologen die Familie der *Soricidae* auch als »Mägen mit Zähnen« bezeichnen.

Was ich nicht wußte, war, wie ich diesen hungrigen Gast wieder loswerden sollte. Die Maus fraß fast mehr Fleisch als der Hund, und es begann im Keller leise, aber durchdringend nach Raubtier zu müffeln. Schließlich servierte ich das Futter in einer Lebendfalle, einer von der Sorte, die aus einem geknickten Rohr besteht, das unter dem Gewicht der Maus umklappt und die Tür hinter ihr zufallen läßt. Doch nichts passierte. Ich nahm an, der Eindringling sei eingegangen und hätte die Falle glatt vergessen – wäre Kümmel nicht gewesen. Plötzlich stand sie vor mir, sichtlich verwirrt und von Moschusodeur umweht. Es war ein surrealistischer Anblick: Im Maul trug der kleine Hund die geschlossene Falle, im Gesicht die ganz große Ratlosigkeit. Kümmel hielt mir das rätselhafte, aber vielversprechende Objekt hilfesuchend hin, wedelte in frenetischer Erwartung und fixierte mich mit dringend flehendem Winseln: Mach mir doch bitte, bitte diese komische Konserve auf!

Es war nicht fair, ich weiß es: Ich nahm der großen weißen Jägerin die Falle ab und ließ die Beute laufen. Auch wenn mein Hund darob alles andere als amüsiert war – wenigstens eine Spitzmaus kann jetzt ihren Enkeln erzählen, daß ihr ausgerechnet der Terrier das Leben gerettet hat!

Godzilla und ich

Ich bin da sicher sehr altmodisch, aber ich genieße es: Eine der größten Freuden der Gartenarbeit ist für mich die Ruhe dabei. So besitze ich weder Elektrorasenmäher noch Kantenschneider, und selbst die mit merkwürdiger Regelmäßigkeit als Leihgabe offerierte elektrische Heckenschere eines ordnungsliebenden Nachbarn lehne ich standhaft ab. Schließlich sind wir Besitzer von Minigärten hier allen Großagrariern gegenüber endlich mal so richtig im Vorteil: Wir können all den lärmendem Kram prima entbehren! Am besten natürlich die größte aller Heimsuchungen: den Laubsauger.

Mit vier üppigen Hochstamm-Obstbäumen und einer überaus wuchsfreudigen Hecke rundum wäre ich eigentlich *die* Kandidatin dafür, aber: Ich liebe das Harken im Herbst. Rundum duftet es nach Pilzen und Äpfeln, und die Gedanken können ganz entspannt im Hier und Jetzt schweifen – jedenfalls so lange, bis rundum die Laubsauger einfallen. Turbinengetriebene, gerüsselte Monster, die sich unter nervtötendem Wahnsinnsgebrüll alles einverleiben, was nicht schnell genug fliehen kann, um es mit integriertem Hochleistungs-Häckselwerk zu einer amorphen Masse zu zerkleinern: bedauernswerte Kleinstlebewesen, arglos winterschläfrige Amphibien und den einen oder anderen schockstarren Kleinsäuger. Zurück bleibt, was die Werbung »einladende Sauberkeit bis in den letzten Winkel« nennt: ein schutzloser Boden, über den Igel, Rotkehlchen & Co unbehaust und ihrer Nahrung beraubt uneingeladen umherirren.

Bei den ganz schweren Kalibern, deren Formel-1-Geröhre endlich auch dem Hausmeister von gegenüber das authentische Hockenheim-Feeling vermittelt, sehe ich hinterher immer vorsichtshalber nach, ob mein winziger Terrier »Kümmel« noch auf meiner Zaunseite oder doch schon durch die Maschen gesogen ist. Was High-Tech-Turbinensauger auf Klein- und Kleinstgrundstücken verloren haben, hat mir noch nie jemand einleuchtend erklären können. Vermutlich dienen sie vorrangig dem psychopathischen Lustgewinn, wehrlosen Mitmenschen endlich beliebig lange Phonstärken in die Gehörgänge rammen zu dürfen, für die jeder Motorradclub umgehend die rote Karte bekäme. Spätestens nach einer halben Stunde zwangsweisen Mithörens würde ich für das akustische und ökologische Desaster des allerherbstlichen Sauberkeits-Overkills rundum nur zu gern drakonische Höchststrafen einführen. Jahresurlaub in einer Zahnarztpraxis etwa schiene mir da durchaus angemessen.

Ich war selbst jahrelang mit Handarbeit pur völlig glücklich. Bis zum letzten Herbst, als ich meiner zügig der Drei-Meter-Marke entgegenstrebenden Hecke endlich einen durchgreifenden Schnitt verpaßte. Danach türmte sich im Hof ein gewaltiger Berg belaubter Zweige. Herrliches Kompostmaterial, und entsprechend frohgemut machte ich mich im Oktober ans Werk, sie mit der Rosenschere auf 10-cm-Größe zu schnippeln. Im Dezember schnippelte ich schon weit weniger frohgemut, im Februar nahm mein Handgelenk jäh und schmerzhaft den Umfang einer Biskuitrolle an, und der Zweighaufen reichte immer noch bis übers Knie. Aus war es mit der Lehre der reinen Geräuschlosigkeit. Ein Häcksler mußte her.

Was da jedoch in der Technik-Abteilung herumstand, hatte so gar nichts mit meinem beschaulichen Gärtchen zu tun: Aufsitz-Rasenmäher, mit denen ich bequem meine Wochenendeinkäufe hätte erledigen können, waffenscheinpflichtig wirkende Hochdruck-Gebläse, und schließlich eine endlose Parade furchterregender Geräte, die mit ihren riesigen Trichtern unangenehm deutlich an mittelalterliche Haubitzen erinnerten: Gartenhäcksler. Da ich jedoch keine Angriffskriege beginnen, sondern bloß ein paar Zweige zerkleinern wollte, fiel die Wahl schließlich auf einen der Zwerge der einschüchternden Gesellschaft, nennen wir ihn hier Modell Godzilla Öko XS.

Daheim probierte ich ihn erstmal im Schuppen aus. Alles andere als empfehlenswert, ich weiß. Doch da die soziale Kontrolle hier überaus ausgeprägt ist und ich Technik jeder Art eher unbedarft gegenüberstehe, zog ich es vor, die erste Begegnung zwischen Mensch und Maschine unter Ausschluß der Öffentlichkeit stattfinden zu lassen. Godzilla grollte weniger laut, als ich befürchtet hatte, und mein Blutdruck sank spürbar, bis ich ihm einen harten Ligusterstock in den gierigen Rachen schob. Offenbar zu zaghaft: Der unerwartet heftige Rückstoß verpaßte mir, trotz dicker Lederhandschuhe, zunächst einen schmerzhaften blauen Fleck am Zeigefinger, dann hatte der Häcksler zugeschnappt. Der Stock verschwand schlingernd, Holzspäne flitzten wie Schrapnelle in alle Richtungen und schossen von den Wänden zurück. Eine Wolke kratzigen Staubs, begleitet von markerschütterndem Kreischen, hüllte alles ein, und es roch derart brenzlig, daß ich unwillkürlich nach einem Funkenregen ausspähte.

Schleunigst tat ich, was ich vorher hätte tun sollen: kaufte Ohrenschützer samt Schutzbrille und verlegte Godzillas Arbeitsplatz fortan nach draußen. Danach ging es besser, doch seit mir ein langer Heckenrosen-Zweig zurückschlagend mit diesen scheußlichen Angelhaken fast die Kehle aufschlitzte, ziehe ich auch noch die Anschaffung einer Ganzkörper-Rüstung ernsthaft in Erwägung. Allerdings finde ich es schon gewöhnungsbedürftig, mich zu einer Gartenarbeit zu vermummen wie zu einem Abstecher auf den Kampfstern Galactica. Nach der ersten Kompostier-Saison jedoch habe ich mich im großen und ganzen mit Godzilla ausgesöhnt: Zum ersten Mal fand sämtlicher Grünabfall in den Kompostkisten Platz und verrottete in Rekordzeit. Hatten mich zunächst nur die Gedanken an schmerzhaft entzündete Sehnen und ebenso schmerzhafte Deponie-Rechnungen davon abgehalten, das Ungeheuer umgehend zurückzubringen, so freue ich mich heute so darauf, meinen Regenwürmern und Kompostbakterien ein derart lecker vorgekautes Futter servieren zu können, daß mir beim Anblick einer besonders wohlgelungenen Mischung beinahe selbst der Magen knurrt. (Jaja, wir Gärtner sind total verrückt! Na und?! Wir wissen das, und uns macht's viel Spaß!)

Die enormen, knallgelben Ohrenschützer übrigens haben sich auch sonst als eine sehr nutzbringende Investition erwiesen: Wenn sich wieder einmal einer meiner hoffnungloseren Nachbarn dazu getrieben fühlt, unsere engen Hinterhöfe stundenlang mit Heavy-Metal-Musik in Stadtfestlautstärke zu beschallen, kann ich mit ihrer Hilfe dennoch endlich ungestört Laub harken. Sagte ich schon, daß ich die Ruhe im Garten überaus schätze?

Der Tag der Entscheidung: Kapuzinerkresse

Wenn der erste Frost angekündigt wird, naht auch die letzte wichtige Entscheidung des Gartenjahres: Nehme ich die Kapuzinerkresse vorher weg oder nicht? Diese Frage ist keineswegs so belanglos, wie sie Nicht-Gärtnern vielleicht erscheinen mag. Hier geht es vielmehr um eine Art botanisches Russisches Roulette, um alles oder nichts. Kapuzinerkresse nämlich, deren lange Ranken fast nur aus Wasser bestehen, verwandelt sich schon bei geringen Minusgraden buchstäblich über Nacht in einen grünen, glibberigen Schleim, der eine geradezu frappierende Ähnlichkeit mit der Substanz hat, mit der Peter Zadek einst seine Klassiker-Aufführungen aufzulockern pflegte. Da ich Kapuzinerkresse bevorzugt und üppig am Spalier vor der weißen Hauswand und quer übers Küchenfenster ziehe, ist das hastige Entfernen dieses zäh von oben in die Ärmel tropfenden eisigen Schmadders am Morgen nach Tag X nicht wirklich reizvoll. Rechtzeitiges vorsorgliches Abräumen wäre da allemal geraten.

Bloß: Wer kann sich auch nur einen Tag, nur eine Stunde früher als nötig von der immer noch unermüdlich blühenden Kapuzinerkresse trennen? Von einer Pflanze, die selbst dann noch Glanz und Fröhlichkeit in den Garten bringt, wenn alle Bäume ihr Laub schon abgeworfen haben? Wer wirft freiwillig Blüten auf den Kompost, die, bis der Frost sie tötet, in allen Farben des Feuer- und Sonnenspektrums prangen? Von den ganz zarten Sahne- und Apricottönen über Mattgelb, Kupfer und Zitrone, bis hin zu Orange, intensiven Flammenfarben und Rot, manchmal sogar bis zu den ganz tiefen Rotbrauntönen, die an Kastanien oder, mit mattgoldenem Unterton, an alten Samt erinnern?

Tropaeolum major, die rankende Kapuzinerkresse, in unseren Breiten einjährig, verlangt sehr wenig und bietet dafür fast zu viel. Ein idealer Lückenfüller im Sommer- und Herbstbeet, doch manch sensitiver Gärtner rümpft die Nase über das allzu anspruchslose, allzu bunte, allzu lianenartig üppige Geranke aus Südamerika, das dazu auch noch unangenehm scharf riecht. In einem Rosenbuch der eher elitären Art etwa fand ich den Rat, die Kapuzinerkresse nur ja von den Rosen fernzuhalten, damit ihre ordinäre, bäuerlich anmutende Vitalität dem Adel der Blumenkönigin keinen optischen Abbruch tue. Der große französische Impressionist Claude Monet sah das ganz anders. Die rankende Kapuzinerkresse gehörte zu den Favoriten des Malers und Gärtners und durfte die Grande Allee seines legendären Gartens in Giverny mit ihrem bunten Überschwang allsommerlich regelrecht stürmen. Das darf sie übrigens auch heute noch. Seit ich ihre verschwenderische, von Hochsommer bis Winteranfang flammende Pracht kenne, denke ich, daß ein Dichter sich geirrt haben könnte:

»Astern –, schwälende Tage,
alte Beschwörung, Bann
Die Götter halten die Waage
eine zögernde Stunde an.

Noch einmal die goldenen Herden,
der Himmel, das Licht, der Flor,

was brütet das alte werden
unter den sterbenden Flügeln vor?

Noch einmal das Ersehnte,
der Rausch der Rosen Du –
der Sommer stand und lehnte
und sah den Schwalben zu,

Noch einmal ein Vermuten,
wo längst Gewissheit wacht:
Die Schwalben streifen die Fluten
und trinken Fahrt und Nacht.«

heißt es in Gottfried Benns berühmten Gedicht. Doch Astern würden das kaum schaffen. Sie sind, mit ihrer späten Blüte in melancholischen Tönen, schon selbst viel zu sehr Geschöpfe des Herbstes, um den »Rausch der Rosen« noch einmal glaubhaft beschwören zu können, und die Schwalben sind meist lange weg, bevor sie blühen. Die Kapuzinerkresse ist da viel eher »noch einmal das Ersehnte«: Noch einmal Licht, noch einmal Farbe – noch einmal Sommer. Ihr Flor gehört tatsächlich noch zu den Schwalben und sieht aus wie verkörperte Helligkeit. Wer bringt es da schon fertig, die Waage auch nur einen einzigen Moment zu früh ins Dunkle, in den Winter zu kippen? Ich jedenfalls nicht mehr, seit ich es einmal tat und der angesagte Frost dann erst später kam. Dafür war der Garten viel länger kahl und dunkel als nötig. Eine bittere Erfahrung.

Da trage ich nach dem ersten Frost doch lieber die Folgen, bloß: Wohin? Wohin mit einer Unmenge schlappen

Grünzeugs, das zwar sehr schnell zusammenschrumpft, aber währenddessen genau den Platz auf dem Komposthaufen blockiert, den ich um diese Jahreszeit dringend brauche? Letzten Herbst beschloß ich in einem Anfall rabiater Verzweiflung, den kniehohen Haufen zu häckseln. Ich hätte es besser wissen sollen.

Mit eisigklammen Händen etwas in den Schlund des Häckslers zu zwängen, das aussah wie eine überdimensionale Portion graugrüner Endlos-Spaghetti, übergossen mit besonders unappetitlicher Soße, durchzogen mit störendem Bindebast, den ich mit eben diesen klammen Fingern sorgsam entfernen mußte, war eine Herausforderung, die dem Häcksler hörbar ebenso widerstrebte wie mir. Da ich ihm leider nichts Handfesteres zugleich anbieten konnte, bekam er denn auch prompt Verdauungsbeschwerden. Erst spie er nur noch grünliches Wasser aus, dann quittierte er mit einem unangenehm rülpsenden Gurgeln verstopft den Dienst und überließ es mir, die teils faserigen, teils schlammigen Reste all der Sommerpracht mühsam von der Welle zu wickeln oder von sonstwo zusammenzukratzen. Das wäre natürlich ein passender Moment gewesen, um jahreszeitgemäß stilvoll und elegisch über die rasche Vergänglichkeit aller Gartenschönheit zu philosophieren. Doch, ehrlich gesagt, es reichte nur zu einigen wütenden Flüchen und dem festen Vorsatz, nächstes Mal diese verdammte Kapuzinerkresse *rechtzeitig* abzuräumen. Aber jetzt, wo sie wieder so wunderbar, so unzeitgemäß strahlend blüht, wo sie die Waage immer noch hält, werde ich selbstverständlich nichts dergleichen tun. Wer wäre ich schließlich, den Göttern ins Handwerk zu pfuschen?

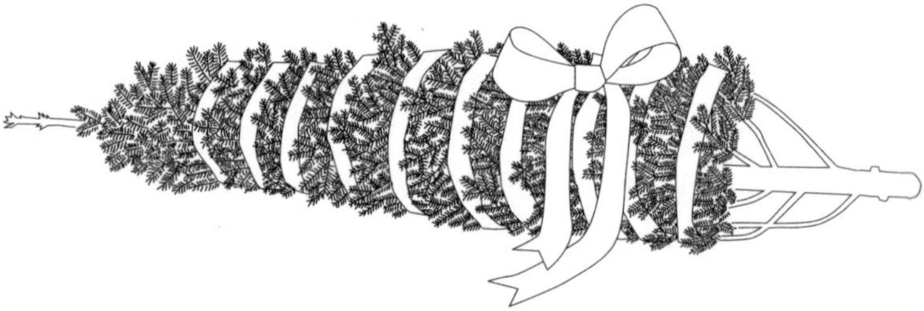

»Wie im Märchen: Das Ende ist gut, und alle sind glücklich!«

Da diese Geschichte so sehr an ein Märchen erinnert, gebührt ihr auch der passende Anfang. Also: Es war einmal... eine ganz gewöhnliche Fichte, eine unter vielen Millionen. Ihre Karriere muß mit dem ebenso gewöhnlichen Irrtum begonnen haben, daß Nadliges im Garten der ideale Sichtschutz sei, anspruchslos, preiswert, pflegefrei. Wie sonst kommt eine Rotfichte, ein Gebirgsbaum mit einer Maximalhöhe von gut um die 50 Meter, an den Rand eines Kleingrundstücks, dort etwa so passend placiert wie ein Pottwal im Gartenteich? In ihrer frühesten Jugend überlebte sie eine große Baustelle, und als wir einzogen, stand sie schon da, zierlich und noch völlig unauffällig. Das änderte sich rasch, denn natürlich tat sie, was *Picea abies* zum so beliebten Forstbaum und so ungeeigneten Gartenbewohner gleichermaßen macht: Sie wuchs, und wie! Es hätte lange nahegelegen, ihren über- und unterirdischen Eroberungszug kurzerhand mit der Kettensäge zu beenden, bloß: Sie war so ungewöhnlich schön. Sie stand einzeln, und es fehlte ihr das Massive, Düstere und Drohende zu eng gesetzter Nadelmauern. Statt dessen wirkte sie, schmal, ebenmäßig und rundum nobel in makelloses Grün gehüllt, irgendwie ladylike. Wir brachten es einfach nicht übers Herz, sie anzutasten. Selbst als ihre Wurzeln ein Abwasserrohr knackten, erhielt sie noch einmal eine Gnadenfrist. Erst als sie, endgültig größenwahnsinnig geworden, ernsthaft die Kellerwand bedrohte, war es soweit. Die Dame mußte gehen.

»Schick sie doch einfach nach Island,« schlug ich meinem kopfschüttelnden Vater vor, nachdem ich zum x-ten Mal böse auf seiner Einfahrt gestolpert war. Auf der nämlich spielten die Tannenwurzeln inzwischen, überaus anschaulich, die Entstehung von Kontinenten en miniature nach: Sie schoben den Belag wie tektonische Platten hoch und übereinander. Das war durchaus reizvoll anzusehen, vor allem mit den kleinen Seen dazwischen, aber zusehends weniger reizvoll zu passieren. Den grünen Fallensteller kurzerhand an den Polarkreis zu verfrachten, war, zumindest theoretisch, durchaus eine Option: Jedes Jahr tritt eine besonders schöne große »Weihnachtstanne« aus unserer Gegend diese Reise an. Seit inzwischen fast vierzig Jahren schenkt die Hamburger Hafenwirtschaft dem Hafen von Islands Hauptstadt Reykjavik einen großen Weihnachtsbaum, als Gruß und Dank für die Hilfe, die die Isländer Hamburgs Kindern nach dem Zweiten Weltkrieg zuteil werden ließen. Das ist weit mehr als eine nette Geste, es ist dort, alle Jahre wieder, eine kleine Sensation: Island ist nahezu baumlos, Nadelbäume dieser Höhe gibt es nirgendwo. Doch die Isländer, geschlagen mit monatelanger winterlicher Dunkelheit, lieben Weihnachten und feiern das wiederkehrende Licht entsprechend enthusiastisch. Die beiden großen Weihnachtsbäume in der Hauptstadt sind daher geehrte und vielbesuchte Attraktionen. Einer steht vor dem Rathaus, als Geschenk aus Norwegen, und seine Illumination ist ein beinahe offizieller Feiertag. Der andere, eben der aus Hamburg, residiert königlich am Hafen, direkt am Rande des Fjords, ein funkelnder Solitär vor eisblauer Kulisse oder in winterlicher Dunkelheit. Statt, wie hierzulande, selbst als Weihnachtsbaum noch Massenware zu sein, genießt dieser nadlige Gast von seiner Ankunft Ende November bis hin zum Dreikönigstag, buchstäblich unübersehbar, VIP-Status.

Für mich schien das in gleich mehrfacher Hinsicht ein Traum: Ich habe seit Jahrzehnten Islandpferde, und meine ältere Zuchtstute ist noch, ebenso wie ihr unvergeßlicher Vorgänger, auf der Insel geboren, sogar auf demselben Hof im Skagafjördurtal im hohen Norden. Hreinn Jónsson, ihr freundlicher Züchter, und seine Familie schickten sie 1993 mit den Worten: »Ihr Name ›Von‹ bedeutet ›Hoffnung‹...« zu mir. Von, winzig, temperamentvoll und feuerrot, erfüllte tatsächlich alle Hoffnungen, doch leider zog »ihre« Familie später nach Reykjavik, und eines traurigen Tages kam auf meine Briefe keine Antwort mehr. Aber wenigstens so ein ungewöhnlicher Gruß an dieses so ungewöhnliche Land – das wäre es wirklich gewesen! Mein Vater allerdings hielt die Idee für, gelinde gesagt, absurd, und schließlich vergaßen wir sie beide wieder. Bis er letzten Herbst, nach dem sozusagen finalen Stolpern, die Holzfäller bestellte. Nur, um mich Tage später völlig entgeistert anzurufen: »Du wirst es nicht glauben: Meine Tanne fährt nach Island!«

Es gibt schon verrückte Zufälle. Genau das von ihm angesprochene Forstunternehmen vermittelt alljährlich den Baum für die Insel, und Konkurrenz für unser makelloses Fünfzehn-Meter-Prachtstück war weit und breit nicht in Sicht. Statt dem schnöden Ende im Häcksler stand ihm nun also ein glamouröser Abgang bevor. Ein wahres Weihnachtsmärchen – und eine verblüffende Ehre für eine simple Fichte, die sonst allenfalls zu Brettern oder Papier verarbeitet wird, wenn sie nicht gleich auf der Grünabfalldeponie landet.

Und doch ... Als der Abreisetermin Mitte November feststand, ertappten wir uns zusehends bei wehmütigen Seitenblicken auf das überdimensionierte Grün. Es fühlte sich ein bißchen so an, als hätten wir die Hinrichtung eines Familienmitgliedes festgesetzt. Plötzlich fiel mir wieder ein, wie sehr ich immer Andersens Märchen vom niedlichen kleinen Tannenbaum gehaßt hatte, weil mir das Bäumchen so furchtbar leid getan hatte. Und nun der große Tannenbaum, so lange vertraut, ein elegantes, dunkles Dreieck gegen den trüben Novemberhimmel ... Glücklicherweise wurde er abgeholt, bevor wir allzu sentimental werden konnten. Es ging sehr schnell, mit Teleskopkran und Tieflader, ab in den Hamburger Hafen und an Bord von MS »Godafoss«. Zurück blieben ungewohnt viel Licht und eine spürbare Leere.

Kurz darauf jedoch standen schon die Bilder auf der Website des Reykjaviker Hafens. Unsere grüne Lady hatte dort tatsächlich den ganz großen Empfang bekommen, und der Platz vor dem dramatischen Fjordpanorama stand ihr wie für sie gemacht. Waren wir stolz auf sie! Welcher Weihnachtsbaum macht schon, so weit weg, so viel Freude? Die größte von allen kam dann völlig unverhofft: eine Mail aus Reykjavik. Absenderin: Adda, die älteste Tochter meiner verschollenen Freunde. Island ist wirklich ein ungewöhnlich freundliches Land: Die Hafenverwaltung, die die Geschichte dieser Tanne kannte, hatte Hreinn und Familie kurzerhand kontaktiert. Das Rätsel des langen Schweigens war gelöst: Die Töchter, die früher beim Schreiben gedolmetscht hatten,

hatten einige Jahre außer Landes verbracht, so daß niemand mehr meine Briefe hatte beantworten können. Nun haben wir uns, Tanne und Internet sei Dank, alle wieder und konnten uns gemeinsam an dieser ungewöhnlichen Weihnachtsgeschichte freuen. »Wie im Märchen«, resümierte schließlich Águgust Águgustsson, der hilfreiche Hafenmanager: »Das Ende ist gut und alle sind glücklich.«

Stimmt – und vielleicht ist das gar nicht so sehr verwunderlich? Vielleicht war da sogar ein Quentchen Vorsehung mit im Spiel? Vielleicht hat der Baum es immer gewußt? Es macht jedenfalls viel Vergnügen, derart verrückte Spekulationen anzustellen: Als wir nämlich Klötze aus dem verbliebenen Stubben schnitten, leuchtete uns plötzlich vom untersten Querschnitt, über 32 Jahresringe hinweg, klar das Muster der Astquirle entgegen, hell und perfekt: ein unverkennbarer Weihnachtsstern.

Landnahme: Von Seidenschwänzen und Wacholderdrosseln

Eine der wenigen rundum erfreulichen Seiten des winterlichen Gärtnerlebens ist es, daß sich um diese Jahreszeit Faulheit auf das Schönste auszahlt. Je sparsamer das herbstliche Großreinemachen ausgefallen ist, desto mehr gibt es jetzt zu sehen. Stehengebliebene Samenstände in den Beeten, Beerenzweige überall und vor allem reichlich unter Sträuchern liegengebliebenes Laub finden vielleicht in der Nachbarschaft nicht ganz so uneingeschränkten Beifall, dafür aber um so mehr bei den Vögeln. Die kann man jetzt so gut beobachten wie sonst nie: lebendes Theater als Ersatz für saisonal beschränkte Gartenfreuden. Wenn sich auch die weitaus meisten Nachbarn gern an Zaunkönig, Blaumeise & Co mitfreuen – einigen Hardlinern der Thuja-Fraktion sind die schlampigen Tischsitten der Gefiederten durchaus suspekt. Etwa die Angewohnheit der Amseln, unter meiner Hecke im Vorjahreslaub zu stochern und dabei reichlich braune Blätter auf die Straße zu werfen. Auch die großen Vogelfavoriten, meine an Pfosten aufgebunden, reichlich Hagebutten tragenden Zweimeterfünfzig-Heckenrosen, scheinen manchen buchstäblich ein Dorn im Auge zu sein: Jedenfalls ist mir schon einer ihrer größten Zweige erst halb durchgeschnitten und dann säuberlich so direkt vor die Gartenpforte geknickt worden, daß ich dieses Zeichen äußerster Mißbilligung keinesfalls übersehen konnte.

Gott sei Dank teilen zumindest die Tiere meine Liebe zu *Rosa canina*, und so lockt die schöne Stachlige, vor allem, wenn es richtig Winter wird, mit ihrem Hagebutten-Buffet immer interessante Gäste an. Letztes Jahr ganz besonders: Ende Januar bei Schnee und Eis saß der große Busch plötzlich voller starengroßer, bunter Vögel, die, mit einer Kombination von orangefarbenen Hauben und schwarzen Kehlflecken, knallgelben Schwanzspitzen plus lackroten Tupfen an den Flügeln beinahe wie verkleidet aussahen. Es waren, auch wenn ich es zuerst kaum glauben konnte, Seidenschwänze, sehr seltene Wintergäste aus dem hohen Norden, vor weißem Schnee-Hintergrund ein ebenso phantastischer wie exotischer Anblick für uns allenfalls meisengewohnte Gartenbesitzer. An die dreißig Vögel besuchten zwei Tage lang sogar Futterhäuschen auf Nachbarbalkonen, turnten erstaunlich geschickt für ihre Größe durch Birkenäste und ließen sich unbekümmert aus der Nähe beobachten. Offenbar kennen sie aus ihren abgelegenen nördlichen Brutgebieten in den Nadelwäldern Lapplands und der früheren Sowjetunion keine Menschen, jedenfalls ordnen sie unsereinen weit weniger als bedrohlich ein, als das etwa ein mitteleuropäischer Buchfink tut. Ihre so auffallend aus dem biederen gefiederten Durchschnitt fallende Erscheinung und wohl auch diese ebenso auffallende Zutraulichkeit haben die wunderschönen Seidenschwänze prompt mit einem schlechten Image bezahlt: Einst galt ihr sporadisches Auftauchen in Mitteleuropa als Vorbote allen nur erdenklichen Unheils.

Zumindest die Amseln in meinem Garten würden das wohl auch heute noch so sehen, und sie haben durchaus Grund dazu. Direkt nach den Seidenschwänzen nämlich kam die Landnahme jener einzelnen Wacholderdrossel, der ich im dicken Schnee ein paar Äpfel spendiert hatte. Mit unheilvollen Folgen für die Amseln: Die Drossel ließ sich umgehend häuslich nieder und verteidigte das annektierte Revier mit einer Militanz, der meine bequemen Gartenbewohner einfach nicht gewachsen waren. Sie müssen sich gefühlt haben wie jemand, dessen Wohnung unversehens von besonders rabiater Verwandtschaft besetzt wird. Die Drossel wählte einen strategisch günstigen Findling in der Gartenmitte als Stammplatz, und wann immer eine Amsel irgendwo zum Fressen landen wollte, startete sie sofort einen Angriff, der so wütend war, daß buchstäblich die Federn flogen.

Wacholderdrosseln sind, obwohl von ähnlicher Statur, größer als die eng verwandten Amseln, und vor allem kräftiger. Mit ihrer aparten Farbkombination von Schiefergrau und Rotbraun auf dem Rücken und der zimtfarben und dunkel gesperberten Brust sind sie attraktive Vögel. Athletisch, untersetzt und mit einem scharfen dunklen Überaugenstreifen im Gesicht wirken sie aber weit weniger freundlich als die ähnlich aussehenden, rundlichen, großäugigen Misteldrosseln. Ein Eindruck, der keinesfalls trügt. Wacholderdrosseln sind bekannt dafür, daß sie im Sommer, wenn sie in Kolonien brüten, ungewöhnlich aggressiv sind und jeden Nestfeind gemeinsam heftig attackieren. Daß sie, wie mein Wintergast, alleine auftreten, ist ohnehin eher ungewöhnlich. Normalerweise sind sie sehr gesellig und streifen in Schwärmen durch die herbstliche und winterliche Landschaft, immer auf der Suche nach beerentragenden Sträuchern. Einem davon, den sie besonders schätzen, verdanken sie den deutschen Namen: »Krammet« bedeutet Wacholder.

Daß aber auch eine Wacholderdrossel allein ganz ausgezeichnet ihren Vogel stehen kann, bekamen wir nun eindrucksvoll demonstriert – vor allem die armen Amseln. Es war der vollständige Triumph der Wildnis über die verwöhnten urbanen Weicheier: Binnen kurzem spähte ein halbes Dutzend Schwarzdrosseln nur noch frustriert glucksend und ständig fluchtbereit aus den Bäumen, während unten der Usurpator mit dem Charme einer gereizten DDR-Grenzpatrouille das Territorium vollständig kontrollierte und dabei erstaunliche Mengen an Äpfeln verschlang. Heute ist diese winterliche Völlerei ein Genuß ohne Risiko. Früher dagegen wurden die Wacholderdrosselschwärme, die als Wintergäste aus dem Norden kamen, wie viele andere Zugvögel in ganz Deutschland in »Vogelherden« entlang extra angepflanzter Beerenhecken in großen Netzen gefangen. Mitte des 19. Jahrhunderts war der Vogelfang etwa entlang der rheinisch-westfälischen Grenze ein regelrechter Wirtschaftsfaktor, mit spezialisierten Fallenstellern, Lockvögeln und großer Nachfrage nach der delikaten Beute. Krammetsvögel wurden sogar in Massen als Vorrat eingelegt, bis ein Reichsgesetz 1904 den Vogelfang reglementierte. Fortan waren Wacholderdrosseln Jagdwild. Das bedeutete zwar sommerliche Schonzeit, doch sie blieben weiterhin, vorzugsweise gebraten mit Speck und – sozusagen artgerecht – Wacholderbeeren, eine begehrte winterliche Delikatesse: »12 Vögel werden gerupft, gesengt und leicht abgewaschen,« heißt es etwa in einem 1925 erschienen Kochbuch, direkt unter dem Rezept für »Schnepfenbrötchen«: »Vom Kopf wird die Haut abgezogen, die Augen werden ausgestochen, die untere

Schnabelhälfte und die Gurgel entfernt und die Eingeweide herausgenommen. Die Krallen werden abgehackt, die Füße nach oben gezogen und durch die Augenhöhlen gesteckt. Man steckt immer 2 Vögel auf ein recht dünnes Holzspeilchen, reibt sie mit Salz und Wacholderbeeren ein und bratet sie unter öfterem Wenden 15–20 Minuten.« Heute, im Zeitalter der Fix-und-Fertig-Tiefkühlhähnchen sind das nicht mehr wirklich appetitanregende Küchentips. Dafür aber ein Schicksal, das, da bin ich mir sicher, voll und ganz den Beifall meiner Amseln gefunden hätte!

Großer Frust und kleine Hoffnung: Winterjasmin

Ich gebe mit wirklich alle Mühe, Jahr für Jahr. Wochenlang versuche ich, den winterlichen Garten-Entzug mit Fassung zu überstehen. Spätestens jetzt aber muß ich es mir doch eingestehen: Ich hasse diese Jahreszeit. An den durchschnittlichen norddeutschen Februar werde ich mich wohl nie gewöhnen. Das einzige, was ich an diesem Monat wirklich schätze, ist die Tatsache, daß er so kurz ist, den Weg ins Frühjahr also nicht noch länger blockiert. Mehr Gartenfrust ist nie. Wieso bloß dauert die Zeit von Weihnachten bis zum Gartenfrühling so entsetzlich lange, während Frühjahr, Sommer und Herbst immer so rasend schnell vergehen? Wenn es doch wenigstens richtig Winter wäre, knackig kalt, strahlend weiß, mit Rauhreif im Garten und vielen bunten Vögeln an den Hagebutten! Statt dessen herrscht hier meist die übliche windige Fünf-Grad-plus-Regen-Tristesse, akzentuiert von Legionen mürrisch aufgeplusterter, mattschwarzer Amseln, die etwa soviel Heiterkeit und Lebensfreude verbreiten wie Severus Snape, Harry Potters sinistrer Zaubertrankmeister. Da helfen selbst beschwörende Zeremonien wie Geräte-Ölen im Schuppen nicht weiter: Im Garten nichts Neues. Noch lange nicht.

Für derart geplagte Grünabhängige ist Lesen natürlich der Trost der Wahl, bloß die Lektüre der Wahl, Gartenkataloge, ist mit Vorsicht zu genießen, denn die geballte Ladung Versuchung kann das Saisontief noch einmal deutlich verschlimmern. Da wären diese reichbebilderten

Hochglanz-Prachtbände, Gartenfreunden immer gern zu Weihnachten verehrt. Aufbauend und wunderschön in Maßen, können sie in Überdosis sozusagen botanisches Sodbrennen verursachen, bis hin zur gereizten Frage: Gibt es für anderer Leute Musteranwesen eigentlich weder Sternrußtau noch Nacktschnecken noch nachbarliche Wäschespinnen, sondern statt dessen nur unbegrenzte Ressourcen an Platz, Geld und Personal?

Die Klassiker der Gartenliteratur, etwa Beverley Nichols, helfen da schon zuverlässiger über triste Zeiten hinweg, zumindest mit dem Trost, daß der alljährliche Winterblues geteiltes Leid ist: »Die unumstößliche Kurve der Natur, die so tapfer ansteigt und so schmählich abfällt, hat für mich etwas grauenerregendes. Ich wünschte, daß diese Kurve ständig anstiege ... Ich will, daß mein Garten nie aufhört zu blühen. Der Gedanke ist mir unerträglich, daß er eine Stätte sein soll, die nur in den hellen Monaten bewohnt ist.«

Nichols' Ausweg aus der Misere allerdings, ein ausgeprägtes Faible für die Kultur von Winterblumen, erwies sich für mich nur als begrenzt nachvollziehbar. Für einige dieser trostspendenden Schönheiten, etwa für die Zaubernuß, ist auf meinen Minigrundstück kein Platz mehr, andere, etwa *Helleborus niger*, die empfindliche weiße Christrose, finden das Klima der norddeutschen Tiefebene ungefähr so wellnessfördernd wie ich selbst und sehen entsprechend aus. Nur werden sie im Dauerregen leider nicht blaß, sondern braun. Natürlich habe ich Schneeglöckchen, wie auch wäre ein Garten ohne sie zu ertragen? Seit ich verstanden habe, daß sie, statt als trockene Zwiebeln im Herbst, lieber als lebende Pflanze direkt nach der Blüte verpflanzt werden möchten, habe ich sogar wunderbar viele. Doch selbst für sie ist es noch zu früh. Ein einzelner kleiner Frühstarter blickte derart jammervoll aus der durchgeregneten Glocke, daß sein Anblick die Melancholie der Jahreszeit in keiner Weise milderte. Ein wahrer Lichtblick immerhin war letztes Jahr, zum ersten Mal, mein Winterjasmin am Spalier. Sprühende gelbe Sternchen rund ums Fenster, die ersten tatsächlich schon zu Weihnachten. Ich habe lange genug darauf gewartet.

Der Winterjasmin ist tatsächlich ein Trost für alle Fälle, oder sollte es zumindest sein, denn viel falsch machen kann man mit ihm nicht. Kein Winterblüher ist zuverlässiger als dieser vor gut 160 Jahren erstmals aus China eingeführte Strauch, der auf fast jedem Gartenboden und an fast jedem Platz gedeiht, wenn das Licht nur irgend reicht. Er verträgt Hitze, Wind und Stadtklima gleichermaßen und wurzelt unverzüglich aus jedem Bodentrieb. Da sein Naturstandort Felshänge sind, schätzt er auch das geschützte Kleinklima an Mauern und Hauswänden. Am liebsten hat *Jasminum nudiflorum* zwar gleichbleibend feuchten, nahrhaften Untergrund und viel Sonne, aber er ist dankenswert kompromißbereit. Die kleinen, an Forsythien erinnernden Blüten erscheinen irgendwann zwischen November und Frühling, dann also, wenn man am sehnsüchtigsten aus dem Fenster späht. Der robuste Spreizklimmer ist sozusagen der Traum aller städtischen Grünflächenämter, der Strauch mit dem man kaum etwas falsch machen kann. Kurzum: eine jener Allerweltspflanzen, über die ambitionierte Gartenfreunde schon fast die Nase rümpfen.

Doch es ist seltsam mit den Allerweltspflanzen: Im eigenen Garten ist immer alles ganz anders. Da sind sie plötzlich alle wieder Individuen, und Blüten im Winter immer wieder neu, außergewöhnlich und aufregend, egal, wie oft man sie schon gesehen haben mag. Entsprechend erwartungsfroh pflanzte ich meinen Winterjasmin – und lernte prompt seinen größten »Fehler« kennen: In den ersten Jahren wächst er langsam. Sehr langsam sogar. Da er überdies im Sommer an Unauffälligkeit kaum zu überbieten ist, war der spillerige Neuankömmling im dunkelgrünen Tarnoutfit für mich lange nichts als eine weitere der vielen frustrierenden Lektionen zum ewigen Thema: »Garten heißt warten«.

Ich hatte ihn schon fast abgeschrieben, als er endlich, mit zäher Geduld und einem bißchen Aufbinde-Hilfe, rund ums Fenster geklettert war, dekorativ vom Spalier herabhing und nun auch genügend Licht bekam. Und tatsächlich, das kleine Wunder geschah: Je trüber es draußen wurde, desto dicker wurden die spitzen kleinen Knospen, und eines düsteren Morgens hing draußen ein kleiner Wasserfall leuchtendgelber Blüten. Einer dieser Momente, für die sich selbst schier endloses Warten tatsächlich lohnt.

Es dauerte bloß nicht lange. Eine einzige harte Frostnacht verwandelte die ganze fragile Pracht in ein bräunliches, bald pergamentpapierdünn geregnetes Memento mori unangenehm dicht am Wohnzimmer. Da wußte ich wieder genau, warum ich Winterblumen nicht vorbehaltlos liebe: Sie sind ein Versprechen, das selten gehalten werden kann. So werde ich mich einstweilen in mein Schicksal fügen müssen, von der Rosenblüte träumen und Äpfel mit den Amseln teilen. Und, das ist ja das Wunderbare am Garten: Es gibt immer Hoffnung, irgendwo. Der Winterjasmin hat auch noch unversehrte Knospen, die Sonne steigt doch schon sichtbar höher, und im nächsten Anlauf sollten es auch die Schneeglöckchen endlich schaffen.

Das Gedicht »Schneeglöckchen« von Josef von Eichendorff auf Seite 16/17 wurde entnommen aus: Josef von Eichendorff, *Sämtliche Werke*, Bd. 1: Gedichte, hg. von Hartwig Schulz, Deutscher Klassikerverlag, Frankfurt 1987.

»Der März« von Erich Kästner auf Seite 20 wurde zitiert nach: Erich Kästner, *Gesammelte Schriften für Erwachsene*, Bd. 1: Gedichte, Atrium Verlag, Zürich 1969.

Der Auszug aus dem Gedicht »Entartung« von Heinrich Heine auf Seite 34 wurde entnommen aus: Heinrich Heine, *Sämtliche Werke*, Winkler Verlag, München 1972.

»Kleine Aster« von Gottfried Benn auf Seite 122 entstammt folgender Ausgabe: Gottfried Benn, *Sämtliche Gedichte*, Verlag Klett-Cotta, Stuttgart 1998.